ストライキ2.0
ブラック企業と闘う武器

今野晴貴

a pilot of wisdom

はじめに——なぜ、今ストライキなのか？

この20年、日本では、「労働問題」が話題となり続けてきた。２０００年代には「就職氷河期世代」「フリーター」「偽装請負」が問題となり、２０１０年代には「ブラック企業」が流行語となった。フリーターもブラック企業も、もはや日常語として定着している。

筆者は大学生だった２００６年にＮＰＯ法人ＰＯＳＳＥ《ポッセ》を立ち上げ、若者からの無料労働相談を受けてきた。これまでに1万件を超える相談にかかわり、現在も、毎年およそ３０００件の相談に関与している。

２０１２年には『ブラック企業』（文春新書）を上梓《じょうし》し、ブラック企業という言葉が世に広がる手助けもした。政治家や行政にも対策を提案し、いくつかの法律改正も実現した。

だが、非正規雇用問題やブラック企業問題はまったく解決していない。**ブラック企業の存在を発見し告発するだけでは、ブラック企業はなくならなかった**のである。

強調しておきたいのは、不十分とはいえ政府が何も対策を講じていないわけではないということだ。「働き方改革」が叫ばれ、2014年には過労死等防止対策推進法も制定されている。しかし、わずかな政策では「決定打」にならなかった。法的な規制と同時に、もっと何か別の対策が必要なのではないか。そのように考えざるをえない状況が続いている。

実は、日本と海外を比較すると、日本の「ブラック企業対策」に決定的に足りないものが見えてくる。それは、**ストライキの件数**である。

図1を見てほしい。日本のスト件数は、1970年代以後、著しく減少した。日本で大規模なストライキを目撃することはほとんどなくなった。あったとしても、あらかじめスト収束の日が決まっている「時限スト」ばかりが目立つ。本格的なストライキは、ほぼ皆無である（1983年生まれの筆者もストを目撃したことのない世代である）。

一方、海外では今も当たり前にストライキが行われている。第3章で説明するが、2018年のアメリカは「ストの年」といってよいほどにストライキが頻発した。そのほかの世界各国でもストライキは盛んに行われている。図2（6頁）は、各国の争議による労働損失日数を比較したものであるが、ここからも日本のストの少なさが見てとれる。

図1　日本の「半日以上のストライキの件数」及び「労働損失日数」の推移

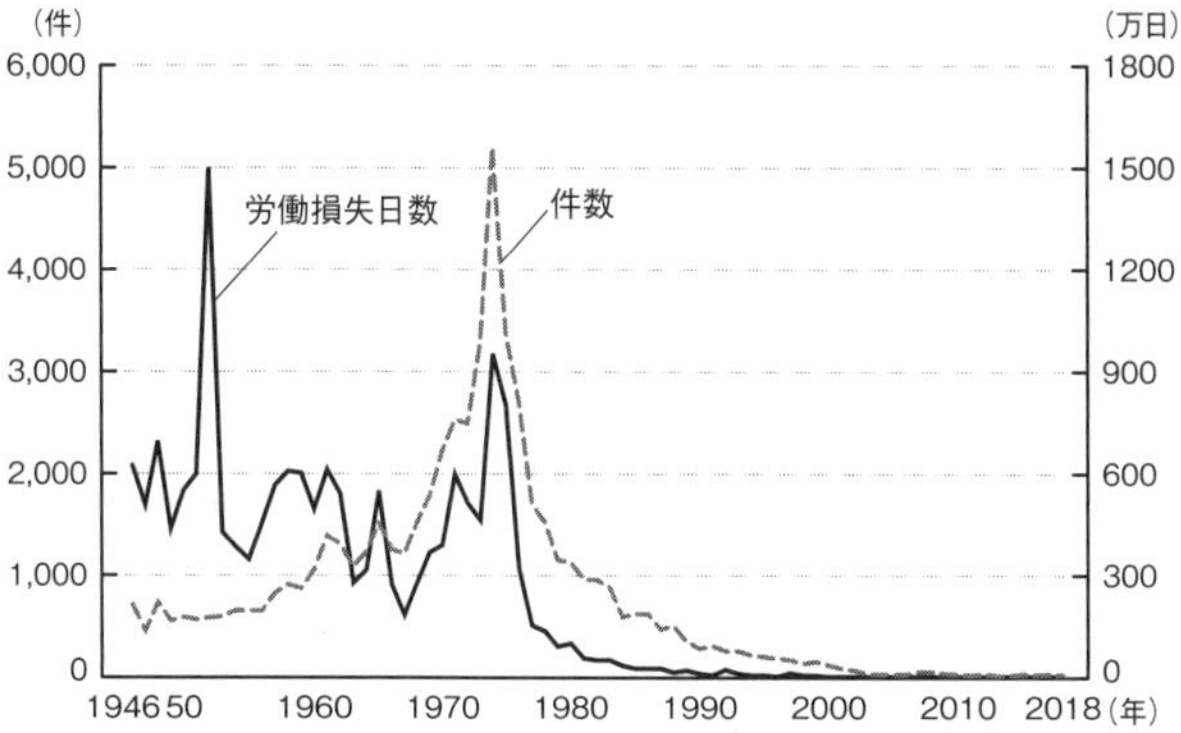

厚生労働省「労働争議統計調査」より筆者作成

そして、次の図3のグラフ（7頁）がさらに重要だ。ストライキの件数と比例するように、海外では1990年代以後も賃金が伸び続けている。スペインのような、現在では経済的苦境にある国でさえ、日本に比べれば賃金は上昇しているのだ。

この中で、賃金がほとんど変わらないのは、ストライキがほぼ存在しない日本だけだ。現在の日本は人手不足が叫ばれているにもかかわらず、賃金は伸びないうえ、デフレに歯止めがかからない。この賃金の停滞状況は、財界の一部からも景気後退を促進させる理由だとみなされているほどである。

さらにいえば、違法行為が公然とまかり通

図2　各国の労働損失日数（千日）

	日本	アメリカ	イギリス	ドイツ	フランス	スペイン
1993年	116	3,981	649	593	511	2,141
1994年	85	5,022	278	229	501	6,277
1995年	77	5,771	415	247	784	1,457
1996年	43	4,889	1,303	98	363	1,580
1997年	110	4,497	235	53	325	1,837
1998年	102	5,116	282	16	309	1,281
1999年	87	1,996	242	79	422	1,505
2000年	35	20,419	499	11	581	3,617
2001年	29	1,151	525	27	463	1,924
2002年	12	660	1,323	310	248	4,945
2003年	7	4,077	499	163	224	792
2004年	10	1,017	905	51	193	4,473
2005年	6	1,348	224	19	1,997	951
2006年	8	2,688	755	429	1,421	928
2007年	33	1,265	1,041	286	1,553	1,188
2008年	11	1,954	759	132	1,419	1,510
2009年	7	124	455	67	942	1,291
2010年	23	302	365	25	1,851	672
2011年	4	1,020	1,390	70	649	485
2012年	4	1,131	249	86	237	1,290
2013年	7	290	444	150	261	1,098
2014年	20	200	788	155	345	621
2015年	15	740	170	1,092	869	497
2016年	3	1,543	322	209	1,739	389

ILOSTAT及び『データブック国際労働比較2018』のデータより著者作成

注：

1）50万日を超える年を灰色とした。

2）日本については、半日以上の同盟罷業または作業所閉鎖が行われた期間に、労働者が実際に半日以上の同盟罷業に参加した日数、または作業所閉鎖の対象となったことによって労働に従事しなかった延べ日数。

3）アメリカについては1,000人未満の争議、1日に満たない争議を除く。

4）イギリスについては1日に満たない争議、10人未満の争議を除く（但し、労働損失日数が100労働日を超える場合は含まれる）。政治的ストを除く。

5）ドイツについては参加人数10人以上、全日以上の争議。

図3　各国の実質賃金の指数の推移（1995年＝100）

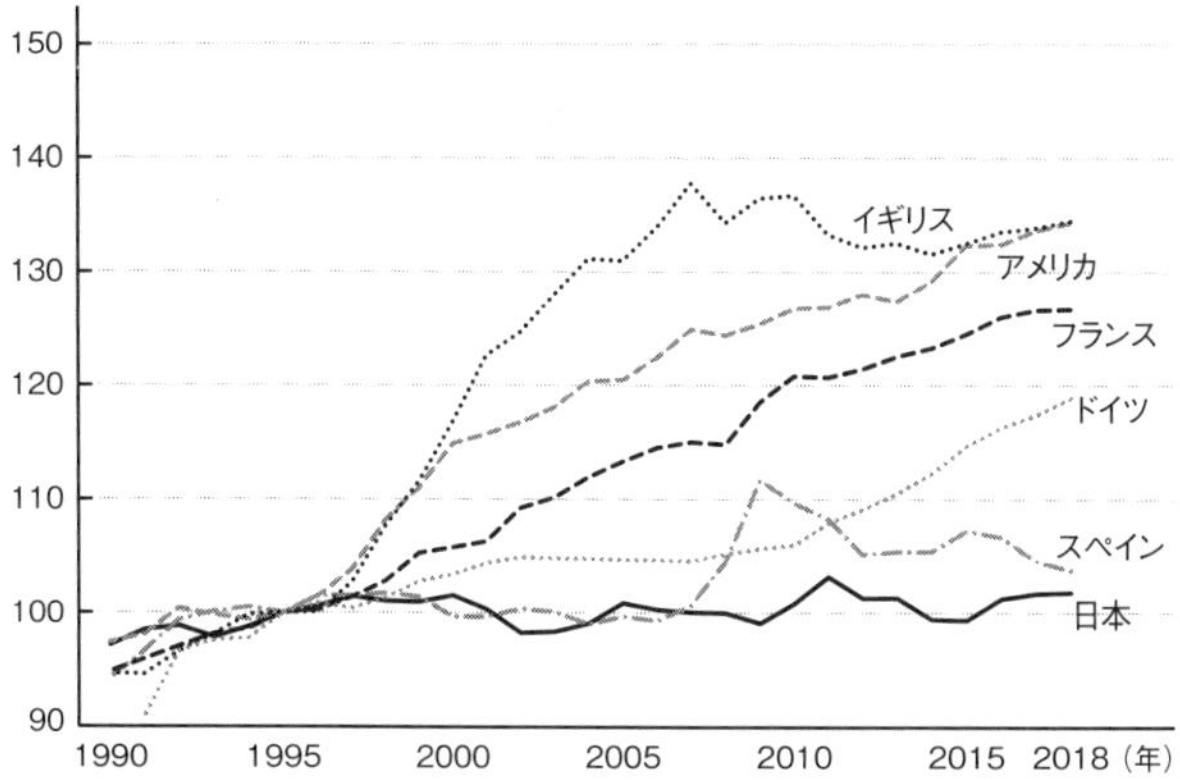

OECD.Statより著者作成

り労働者を死ぬまで働かせるような企業は、海外では平然とは存続できないだろう。すぐさま大規模なストライキによって苛烈に批判されるからである。

つまり、労働条件に関する法的規制に実効性を持たせたり、ブラック企業批判の世論をブラック企業の撲滅に向かわせるには、海外のようなストライキの実践が不可欠なのではないか。経営者に「労働者軽視の経営を続けたら、労働者から激しく抗議される」と思わせられていないことが、ブラック企業を延命させているのではないか――。これだけ極端な海外との違いを見ると、そう考えざるをえない。

とはいえ、21世紀の現代に「今さらストライキ」はそぐわない、復古主義やノスタルジーの類なのではないかと思われるかもしれない。

たしかに、日本の労働組合の現実をみれば、ストライキに否定的になる気持ちはよくわかる。

彼らが大企業・男性・正社員の「既得権クラブ」を形成してきた側面は否定できず、最近では春闘さえ実質的に解体しようとしている。そもそも民間労組の多くは非正規や女性への差別、過労死問題などにほとんど無関心であるばかりか、むしろ加担してきたのである。これでは労働者から頼りにされるはずもないだろう。実際に、労組の組織率は年々低下している。

また、比較的運動が盛んな教員や公務員の労組でも、憲法9条護憲・平和運動以外では存在感をあまり示すことができてこなかった。

しかし、最近、従来の労組とは一線を画する動きが現れ、日本でもにわかにストライキが注目され始めている。

２０１０年代後半だけでも、佐野サービスエリアや練馬区の図書館、東京駅の自販機ベンダー、私立学校の教員など、さまざまな業種で実行され、ニュースやＳＮＳで拡散し、社会の注目を集めているのである。

また、明確に「ストライキ」をうたっていなくとも、人々にストライキを想起させるような行為も頻発している。例えば、「保育士一斉退職」が象徴的だ。耐えがたい労働に「辞めてやる」という形で抵抗することが広がりを見せている。実は、産業構造の転換にともなって、日本でもストライキが起きやすい土壌が生まれているのだ。

近年の「新しいストライキ」で何より注目すべき点は、これまでストライキに冷淡だった人々から幅広い共感を得て支持されているということだ。この「ストライキ2.0」には、これまでのものとはまったく異なった特徴があり、それがストライキへの支持を広げる要因となっている。

ブラック企業がはびこり、人が大切にされない社会では、過労死・自死・鬱が蔓延《まんえん》し、サービスそのものも劣化していく。実際に、保育や介護の現場では劣悪な労働環境から人手不足に陥り、虐待事件などが絶えない。

大切なことは、日本でもストライキが「迷惑」だと切り捨てられない社会になることである。**なぜ近年のストライキは支持を集めているのか**、その理由を知ることで、これまでの「ストライキ」とは違う世界を知ることができるだろう。

本書では、そもそも、ストライキとは何か（第1章）、今日のストライキは過去のものとはどう違うのか（第2章）、海外のストライキはどうなっているのか（第3章）、そして、これから世界のストライキはどこへ向かっていくのか（第4章）といったことを論じていく。

世界では貧困、教育、福祉、性差別、移民、気候変動、ＡＩ（人工知能）の自主管理、メディアへの政治介入など多様な問題に対し、労働者たちはストライキで改善を図っている。一部の労働者の「賃上げ」だけが争点となるのはもはや過去の話だ。**「社会を守るためのストライキ」**が主流になり、人々の圧倒的な支持を得るようになっているのである。

さらに、最後の付録では、ストライキの法制度についても解説する。日本では、ストライキを実行するための法的な知識さえ、忘れられて久しい。

会社から損害賠償を請求されないの？　ストライキ中は給料が出るの？　役所とかに届け出ないといけないの？　どういう手続きが必要？　ストライキを止めるときはどうするの？　ストライキはひとりでもできるの？

こういった具体的な疑問についても解説していく。

なお、本書では、たくさんの事例によって「新しいストライキ」の実情を伝えるために多くの註を記したが、とりあえずは本文だけ追っていただいても筆者の言いたいことは理解してもらえるはずだ。註には参考となる文献なども紹介してあるので、もっと詳しく知りたいときはぜひ参照してほしい。

では、新しい「ストライキの世界」を知る旅に出発しよう。

目次

第4章　資本主義経済の変化と未来のストライキ

第1章

ストライキの「原理」――東京駅自販機争議の事例から

2018年5月、JR東京駅構内の自動販売機の補充を担当する「ジャパンビバレッジ東京」の社員十数名は、ストライキに突入した

「新しいストライキ」を紹介する前に、そもそもストライキとは何かについて簡単に説明しよう。

誰でもストライキとは、わざと「仕事をしないこと」だと知っている。しかも、そのストライキはなんらかの抗議を意味していることも、常識になっていると思う。ストライキは抵抗の象徴であり、「抗議スト」という言葉は世界に根づいている。

ストライキによる抵抗のあり方は多様性を増している。学生たちの「授業ストライキ」は、中国の支配に対する香港人の抵抗や、気候変動への反対運動で注目されている。あるいは、性差別や戦争に抵抗する女性たちの「セックス・ストライキ」という言葉もある。

だが、ストライキについてよく理解していくためには、その「原理」について深く知っておく必要がある。なぜなら、本来の意味の「ストライキ」は歴史的に形成され、今なお強力な「力」をもっているからだ。

本章では、そんなストライキの「原理」を説明したうえで、最近の事例を紹介したい。

2018年のゴールデンウィークに東京駅の自動販売機に飲料などを補充する労働者たちがストライキを起こし、売り切れが続出した事件だ。

ストライキの「原理」

ストライキとは、端的にいえば、労働者が「労働力の販売」を集団的・意識的にコントロールし、制限することである。

ただ「働かない」というだけではストライキにはならない。使用者との交渉を有利に進めるために、みんなで意図的に働かない、ということがストライキの本質なのである。

これを少し厳密に定義してみよう。

①労働条件の向上を目的とした労使交渉において、交渉を有利に進めるために(目的)、②労働者が団結して集団的に労働しないことによって(手段)、③業務の正常な運営を阻害すること(効果)。

これがストライキの原理である。

①はわかりやすいだろう。労働条件の向上とは無関係に、単になんとなくやる気が出な

いから働かない、という行為ではストライキにならない。目的が重要なのだ。ただし、後で詳しく述べるように、「政治スト」という、本来のストライキとは目的が異なるものもあるので注意が必要だ。

次に②「団結して集団的に労働しない」という点が、特に重要だ。

資本主義社会では、労働者は労働力を販売し、生活のための賃金を得ることで生きている。一方で、経営者は労働者を雇う（つまり、労働力を買う）ことで初めて事業を営むことができる。労働者がいなければ工場は稼働しないし、店舗も開かれることはない。

現実の社会はどんなに単純で簡単なアルバイトだろうと、労働者が実際に業務を支えている。ストライキは、この会社の事業に不可欠な労働力を、意識的に出し入れする。要するに、「労働条件が悪いなら働かない」ということなのだ。ここで重要なのは、労働力の販売の「意識的」なコントロールというところにある。

例えば、パワハラなどに立腹し、「いきなり辞めて会社にダメージをあたえてやる」という人はよくいる。この発想はまさに「ストライキ」と同じであるが、個人的に嫌がらせをしても効果はあまり大きくないだろうし、労働条件の改善は直接には実現できない。

この労働力という潜在的な「力」を、集団的・意識的に行使することで顕在化させ、さらに会社との交渉力に転化することで、労働条件の具体的な向上に結びつけていくのがストライキだ、とイメージしてほしい。

ストライキは、労働者が「本来もっている力」を労働市場において発揮するための手段なのだ。

このように、ストライキの本質は、労働者たちが、②団結して集団的に働かないことを通じて、③業務の正常な運営を阻害することで、①労働条件の向上を目的とした労使交渉を有利に進めていくこと、なのである。

ストライキの種類

労働者たちがどのような「手段」を用いるのかによって、ストライキにはたくさんの種類が派生することになる。ストライキの分類は多岐にわたるため、ここでは「手段」(戦術)と「目的」のふたつの点に絞って分類してみよう。(1)

まず、働くことを拒否するのではなく、不完全な労務提供を行う戦術を**サボタージュ**

（怠業）という。つまり、一応は就労しながらも、通常どおりに作業を行わないことによって業務阻害をもたらすというものだ。**スローダウン**や**遵法闘争**といわれる戦術がこれに該当する（本章でその実例を後述する）。

ストライキを行う範囲もさまざまで、組合員全員が参加する**全面スト**以外にも、**部分スト**や、個々の労働者を特定した**指名スト**がある。組合員の負担を減らすため、重要な仕事を担う労働者に限定してストライキに入る場合などに用いる戦術だ。順繰りに継続的にストライキを行う**持ち回りストライキ**のような方法や、あらかじめ時間を定めて実施する**時限スト**という方法もある。

また、会社側が労働者を雇うなどしてストライキを無力化する「**スト破り**」に対抗するために、**職場占拠**や**ピケッティング**という手段が採られることがある。ピケッティングとは、職場において、会社が製品・資材を搬出入するのを阻止したり、ストに参加していない労働者に協力を要請したりして、ストライキの効果を維持する戦略である。

さらに、ストライキを補強する圧力手段として、時として**ボイコット**という手段が採られる。ボイコットとは、その会社の不正や違法行為などを公衆に知らしめることで、消費者に製品の不買を促す行為だ。ボイコットは消費者問題と結びつける社会的デモンストレーションの要素があり、とても重要である。ただし、社会的デモンストレーションは、ストライキの原理である「労働力のコントロール」とはやや異なっている。デモンストレーションについては第2章で取り上げる。

次に、目的別には**経済スト**と**政治スト**がある。通常のストライキは「労働条件の向上を目的とする」わけだから、経済ストにあたる。

ただ、労働法や産業政策など、国の政策が労働条件に重大な影響をあたえる場合がある。公務員や教員の給与や、介護報酬、保育補助金の額などは政治抜きには決まらないため、労働条件の向上を目指して、政治に訴えかけるストを特定の産業などで一斉に行うことがあるのだ。あるいは、最低賃金の引き上げを目指すストライキもわかりやすいだろう。これらは、労働条件の向上を目的とするため、経済ストの延長線上にある。

純粋な政治ストは政権批判や反戦運動などの文脈で行われる。政府としては、産業界が混乱すると税収が減るなど大変こまったことになるので、ストライキは政策に強く影響する。特に、特定の産業や国民全体が一斉に働かない**ゼネラルストライキ**は強力な圧力になる。ゼネストはナチス政権に対抗するために行われたり、ロシア革命の一因になるなど実際に歴史に重大な影響をあたえてきた。今日でも、例えば中国による香港の支配に対する抵抗の手段として実行されている。

政治ストは、「労働力」という労働者たちがもてる武器を使い、政権や政策にまで影響をあたえる手段だということだ。

労働者の、唯一にして最大の交渉資源

それにしても、ストライキは「集団で働かない」というあまりに単純な制度だ。なぜこれほど長い間存続し、今でも強い影響力をもち続けているのだろうか。現代のようなストライキは少なくとも100年以上前から行われているし、その「原理」をたどるのであれば、もっとずっと古くから行われている(2)。

それは、「労働力を販売しない」という戦略が、労働者にとってはほぼ唯一の交渉資源だからである。経営者であれば特許や工場といった経営資源、あるいは資金をたくさんもっているだろう。顧問弁護士や会計士に守られ、政治家とのつながりもあるかもしれない。

また、農家であれば土地という資源を有している。しかし、一般の労働者には、働く能力以外にもてるものがない。

だが、その「働く能力」＝「労働力」こそが、すでに述べたように、実際の社会を動かす原動力となっている。唯一にして最大の交渉資源。それが労働者にとっての労働力なのである。どれだけ資本があっても、蓄積した技術や特許が会社にあっても、それを実行する労働者がいなくては生産やサービスは何も実現できない。

そうした事情は何百年も前から変わらない。高度な技術者や職人であっても、基本的な原理は同じだ。ピラミッドを建設した古代エジプトの労働者たちも、ストライキを行い労働条件の交渉をしていたほどだ。ピラミッドの労働者たちは当時にしては高度な技術をもつ職人集団だ。彼らは自分たちの「労働」の貴重さを理解し、交渉力に転化させていたのである[3]。

そして、現代の労働法では、労働者たちの「労働力」のコントロールについて、一定の条件付きではあるが、使用者と交渉するための正当な権利として、損害賠償責任や刑事責任が発生しないように保護している[4]。

このように、労働者側の意識的な行動であるストライキは、労働者たちの団結が強いほど効果的となる。先に述べたように、ひとりで「辞めてやる」と行動したとしても、その効果はたかが知れている。仮に集団的にストライキをしたとしても、それがわずかな人数であったり散発的であったりすれば、やはり効果は限られる。もちろん、労働者はあくまで個々人がそれぞれの意思をもっている。その個々の労働者が集団の利益を理解し、団結することで、初めてストライキは強力な武器となるのだ。

例えば、一部の労働者が経営者に引き抜かれてストライキを離脱してしまうとか、途中で怖くなって止《や》めてしまうといったことが起こる。そうすると、たちまちストライキは瓦解してしまい、結局、労働条件が前より悪くなってしまうかもしれない。だからこそ、ストライキでは労働者の団結が重要になる。

自由な「市場」における武器

ここで特に注意してほしいのは、ストライキがあくまでも労働者間の「約束」によって成り立っているということだ。資本主義社会の労働市場は原則として「自由」に取引ができる。ストライキは、労働者同士が自由な意思に基づいて結束し、経営者側の購買力に対抗するための「武器」なのである。

この自由取引の領域では、使用者側にも「武器」がある。職場から労働者をすべて追い出して操業を停止してしまう「ロックアウト」だ。ロックアウトをすれば経営者も操業停止のダメージを受けるが、労働者たちも賃金が稼げなくなって苦しむことになる。どちらも自由な意思に基づく行為だが、こうした対抗を通じて、労使は新しい「約束」を結ぶ。

このように、ストライキの結束は労働者間の自由な「約束」に基づいているし、ストライキの結果、労使で結ぶ労働協約も、自由な「約束」である。労働市場という市民社会のアリーナ（闘技場）には、労使双方がストライキとロックアウトという「武器」で争い、妥協し、決着をつけるという仕組みが備わっている。

だから、ストライキの原理は、本来的に国家の「法制度」とは異なっている。国家の法制度は、この原理の「一部」[5]を後から保護したものなのだ。もちろん、ストライキは自由な意思に基づいているのだから、先ほど述べたように、利害を共にするはずの同僚を裏切って「スト破り」を行う労働者も出てくる。どれだけ結束できるかは、労働者間の約束の強さ次第である。

また、これと関連して、ストライキの激しさ＝「労働側の強さ」ではないことも重要だ。スウェーデンのように、圧倒的な組織力で経営者と交渉し、目的である労使の約束＝労働協約を結んでいる国では、そもそもストライキを打つ必要さえないからだ。

ストライキの限界と可能性

とはいえ、強固な団結に支えられたストライキにも限界はある。大不況の時期には労働力の需要が減少するし、技術革新が進展すると特定の技術者・技能者は不要になってしまう。また、グローバリゼーションが進むなかで、スト対策で海外に工場を移転する（オフショア）といった手段も当たり前になってきた。

実際に、２００８年からはじまるリーマンショック期にはストの効果は弱かったし、今後はＡＩによってますます多くの労働者が不要になろうとしている。グローバリゼーションも目下進展中である。では、ストライキはこれから効果的ではなくなってしまうのだろうか。答えは「否」だ。

なぜなら、歴史をひもとけば、ストライキの弱点を乗り越えるような、新しい労働運動が繰り返し生まれてきたからである。それは、現代でも少しも変わるところがない。ストライキを今日にフィットするようアップデートしたもの、それが本書で紹介したい「新しいストライキ」なのだ。

今日のストライキがどのように進化・発展を遂げたかは、続く第2章と第3章で詳しく紹介していく。ここではまず、最近でも鳴り止まないストライキのひとつの「実例」を示していこう。彼らはストライキの原理を巧みに活用し、今日の日本のブラック企業と闘っている。

この事例では、ストライキの古典的な「原理」を活用することにとどまらず、新しい戦略をも生み出している。

東京駅で自販機が売り切れに!

2018年4月18日、JR東京駅構内の自動販売機で売り切れが続出しているという情報がインターネットを駆け巡った。きっかけは労働組合「ブラック企業ユニオン」による次のツイートだ。

東京駅をご利用の皆さんにお知らせしたいのですが、駅構内の自販機で現在「売切」が続々と発生中です。これは自販機大手ジャパンビバレッジで働くブラック企業ユニオンの組合員が、残業代未払いや組合員の懲戒処分に対し、残業ゼロ・休憩1時間の「順法闘争」で闘っているためです。ご理解ください。

写真付きでストを告知したこのツイートは瞬く間に拡散し、およそ5万6000リツイートされ、4万4000の「いいね」がつけられた。

実際、ホームによってもばらつきがあるが、駅構内の設置場所によってはかなり売り切れが目立っていたようで、ひどい場合には1台あたり七つも「売切」の赤いランプが点灯していた。これは普段の東京駅ではほとんど見かけることのない光景だ。

このような事態が起きたのは、JR東京駅構内の自動販売機の補充を担当する、サントリー食品インターナショナルグループの自動販売機大手「ジャパンビバレッジ東京」に勤務する社員十数名が労働組合に加盟し、「遵法闘争」を行ったためだった。法律に従い休憩を1時間分取得し、残業をまったく行わずに仕事を切り上げるという労働組合の戦術である。

もちろん、ジュースの本数を少なめに入れるとか、仕事をサボタージュしているわけではない。単に法律や社内規則にのっとって自動販売機を回っただけで、補充の追いつかない機械が続出してしまったというわけである。普段から休憩すら取れず、いかに過密な業務を強いられていたかがわかるというものだろう。そして、その労働を意図的に削ることが、いかに深刻な経営への影響を生み出すのかが、理解できるだろう。

すでに述べたように、現在の日本では、労働組合はストライキなどの団体行動を合法的に行うことができる。正当な行動＝争議行為であれば、会社の業務を妨害したり損害をあたえたりしても、刑事処罰を受けないし、民事責任も免除され、損害賠償請求をされることもない。

これに対し、この「遵法闘争」は主にスト権が認められていない公務員が編み出した戦術であり、法律上の争議行為にさえあたらない。単に社内のルールを守って働くという戦術は、企業に対抗するより「穏当」な戦術であり、交渉を円滑に進めるためのやり方だったと言える。

「有給チャンスクイズ」――日常的なパワハラ体質

なぜ、このような事態が起きたのだろうか。ジャパンビバレッジ東京に対して遵法闘争に踏み切ったのは、ブラック企業ユニオンという労働組合だった。ここは、特定の企業にとどまらない、企業横断型で個人加盟方式の労働組合だ。当時、ジャパンビバレッジの現役社員14名が組合に加入して団体交渉をしていた。

それまで労働組合が存在しなかった同社では、会社の言うことは「絶対」で、理不尽な暴力やパワーハラスメントが蔓延していたという。

例えば、法律で認められた有給休暇ひとつとることも簡単ではない。ある支店では、従業員たちに対して、「有給チャンスクイズ」と題したメールを送りつけていた。その文面には、クイズに正解した従業員に有給休暇を認め、「不正回答」の場合は「永久追放　まずは降格」と書かれている。

しかも、その問題そのものが間違っていて「正解」は存在しない。結局有給を取得できた従業員はひとりもいなかった。支店長は普段から、有給休暇の申請をほとんど自身の権限で却下していたという。

また、この支店長は、従業員が仕事でミスをすると、「公開処刑メール」と称してミスの内容や従業員が書いた謝罪文などを支店の全従業員のメールアドレスに転送したり、ミスの罰則として腕立て伏せ100回や、ほかの従業員全員へのエナジードリンク購入、1カ月間ゴミ捨て当番などのメニューが書面で用意されていた。

さらに、ミスをした従業員の臀部《でんぶ》を足の甲で何度も蹴り飛ばすことなど日常茶飯事であり、組合員によれば毎朝軍隊のような朝礼をさせられていたという。このようにパワーハラスメントや暴力が日常的に繰り返されていた。

15時間を超える長時間労働

会社の絶対的な支配を反映して、労働実態も極めて過酷であった。典型的な業務スケジュールは次のとおりだ。7時35分ごろに営業所に出勤、着替えて7時45分ごろにタイムカードを切り（本来、着替えの時間も労働法上は労働時間となる）、5～10分程度でそのまま自動販売機の補充に向かうためにトラックに乗り、8時前後に営業所を出発する。

1日18～20台の自販機を訪問し、商品の補充や集金、賞味期限が切れる商品の管理、自動販売機横のゴミの回収、新商品の入れ替えを行う。これに加えて、自動販売機を設置している顧客からのクレーム対応（「商品が切れている」「機械の調子が悪い」など）にも追われる。時期によっては「冷温切り替え」や、自販機内の商品を抜き取って数を数える棚卸し業務を並行して行わなければならず、その作業量は膨大だ。

休憩も取れず、車を運転しながらコンビニで買った食べ物を口に詰め込むしかない。業務が終わり、営業所に戻るともう20時ごろだ。すでに労働時間は12時間を超えている。だが仕事はこれで終わらない。営業所に戻った後も、回収した自販機のゴミ捨てや翌日の補充作業のための商品の積み込み、当日の業務の報告などがある。すべての業務が終わるころには21時を超えることも頻繁にあり、忙しいときは22時を回り、最長で23時になったこともあった。

朝から1日15～16時間の長時間労働である。ひどいときは月の残業時間が100時間を超える。

違法な「事業場外みなし」＝定額使い放題

これだけの長時間労働にもかかわらず、残業代は適切に支払われていなかった。同社では、２０１７年12月まで、自動販売機の飲料を運搬・補充する外回りの業務に対して、「事業場外みなし」にあたるとして、残業代を支払っていなかった。

「事業場外みなし」労働時間制が適用されると、１日何時間働いたとしても、あらかじめ労使で決めた「みなし労働時間」分を働いたとみなされる。例えばみなし労働時間が法定労働時間と同じ1日８時間であれば、実際に何時間残業したとしても、残業代を払わなくてよいということになる。

この制度は、専門業務型裁量労働制・企画業務型裁量労働制と並んで、労働基準法38条で定められた三つの「みなし労働時間制」のうちのひとつである。裁量労働制は現在も拡大する方向で法改正が議論されているが、「みなし労働時間制」は長時間労働や過労死の温床として悪名高い。

裁量労働制が、労働者に業務遂行の「裁量」を委ねる必要がある場合に適用できる一方で、「事業場外みなし」労働時間制度は、業務を一部でも事業場外で行う場合、**その労働時間の算定が困難である場合に限り**、適用できる。つまり、会社側の指揮監督がおよばず、労働者が実際に何時間働いているかわからないという状況に限って適用できる。外回りの営業が典型的な適用例だ。

しかし、これは現在ではすっかり時代遅れの制度となっている。というのも、現在では事業場外で勤務していたとしても、上司は携帯電話で常に指示をあたえることができる。このように、使用者の指揮監督がおよぶ場合については労働時間の算定が可能であるとして、適用が違法となるからだ。裁判例もすでに多く出ている。これだけ通信機器が発達した現在において、同制度を適法に活用することは容易ではない。

では、ジャパンビバレッジ東京の実態はどうなっていたのだろうか。

朝8時ごろに営業所を出発して、補充作業などを終えて20時ごろに営業所に戻るまでのあいだに、事業場外みなし労働時間制が適用されていた。この間、約12時間連続で労働するのだが、同社の「みなし労働時間」は7時間45分。実に1日4時間ほどの「ただ働き」

が、連日「一見すると合法的」に行われていたことになる。

しかし、外回り時に行う業務（特に顧客からのクレーム処理）を会社から携帯電話やメールで頻繁に指示されるうえ、会社が保存するデータによって外回り中の行動内容が詳細に確認できるという実態があった。

会社からの「報復」

この違法状態を是正するため、当時31歳だった北良樹氏（仮名）がブラック企業ユニオンに加入。北氏は当時、過酷な労働が続いた結果、倒れて病院で点滴を受けるまでに疲労してしまっていたという。

北氏がユニオンの支援を受けて労働基準監督署に申告を行った結果、足立《あだち》労働基準監督署は労働時間の算定が「可能」であるとして、同社に対し２０１７年12月に労働基準法違反の是正勧告を出している。

ところが同社は、「労基署とは見解が異なる」「残業代未払いはない」として、社員に対して、労組の請求額のおよそ半分の支払いで事態の収拾を図ろうとした。具体的には、社員一人ひとりを急に呼び出して面談を行い、根拠の不明瞭な金額を提示して、その場で強引に同意書を書かせるという行動に出た。会社側は社員に「これは残業代ではない。社長のご厚意だ」とまで説明していたという。

また、すでに述べたように、同社ではほとんどの社員が法律で義務付けられた1時間の休憩を取れず、食事も満足に取れていなかった。ところがこの面談では、会社は毎日1時間の休憩を丸々取れていたとして、同意書にサインさせていた。なかには「休憩を取れていなかった」と、面談で約1時間にわたって粘ったにもかかわらず、無理矢理サインさせられた社員もいた。

こうした会社のやり口に怒った社員たちが、実態を認めて残業代を払うようにと、北氏に続き、ブラック企業ユニオンに多数加入したのだった。

だが、問題はそれにとどまらなかった。労働基準監督署への申告を行った北氏に対して、ジャパンビバレッジが懲戒処分を検討していたからだ。このような露骨な違法行為と過重労働を是正させるため、労働者たちは「最後の手段」としてストライキに訴えていたのである。

どうしてもなりたかった「正社員」

今回、北氏は同社が「ブラック」だからといって、簡単に辞めることができない事情を抱えていた。

北氏は高校を卒業したのが2005年で、一浪ののち大学に入学。「反貧困」運動が盛り上がり、雨宮処凛《あまみやかりん》氏の『生きさせろ!』(太田出版、2007年)が話題になっているころ、北氏もこの本を読み、大学を卒業しても一度フリーターになると、そこから正社員に這《は》い上がるのは難しいと知った。

「当時、自分はちょうど大学受験に失敗していました。高校まで勉強をまったくしていなくて、大学も全落ちして浪人したのですが、浪人中もダラダラしていて志望校の受験にまた失敗してしまいました。それでも、大学に入った後は真面目に勉強して、簿記の試験で全国トップクラスに入るくらいになりました。このままではフリーターになってしまうのではないかという危機感をとても強くもっていたからです」

しかし、北氏を待ち受けていたのは、思っていた以上に過酷な人生だった。

リーマンショックの「内定取り消し」からのスタート

大学時代には、努力のかいもあって、わりと知名度のある上場企業から内々定が出ていたという。しかし、2008年秋にリーマンショックが襲う。北氏も内定取り消しにあってしまい、急いで就職活動を再開したのは、大学4年の5月ごろだった。当時、4年生の5月はほとんど就職活動の終わりの時期にあたる。

それでもなんとか卒業の10日前に内定が出た。「卒業10日前なので、あれは本当に驚きましたね。夢かと思いました」と北氏は語る。「大学の同級生は就職できなかった人が大勢おり、正社員になっただけで勝ち組のような雰囲気でした」

就職先はインターネット回線の訪問販売を行う中小企業。クレーム処理業務に従事した。だが、その会社が「ブラック企業」だった。

朝7時から深夜1時近くまで働いて、残業代は1円も出ない。年収は288万円。残業時間は月に200時間程度。過労死ラインは月80時間だが、これを大きく超える残業時間である。それでもなんとか正社員として3年あまり勤めた。

このまま長時間労働と低賃金で働き続けていても、家庭をもつことはできない。焦りは募っていった。

そんなとき、きちんとした労働条件の会社に就職したいと思って転職したのがジャパンビバレッジだった。当時、同社はJTグループの子会社で、企業規模も大きい。そのため労務管理もしっかりしているだろうと期待を寄せたのだ。

妻とは20歳のころからの付き合いで、26歳のとき、転職を機に結婚し、今は妻と娘の3人家族である。

ブラック企業からまたブラック企業へ

今度こそ、と期待していたジャパンビバレッジで待ち受けていたのが、またしても過酷な労働環境だった。ブラック企業を辞めても、またブラック企業へ……。その経験が北氏を労働運動へと立ち上がらせた。

「自分の経験上、ブラック企業を辞めても、またブラック企業に行ってしまうのです。友達でも、新卒から30歳までに7回転職してすべてブラック企業だったという人がいます。転職をしても意味がない。実際、うちの会社に中途で入社した人たちもみんな言いますね。前の仕事のほうがよかったって」

北氏は、過労で倒れ、病院で点滴を受けるなかで、「会社と闘おうかな」という気持ちが初めて芽生えたという。このままではもうどのみち続けられない。どうせ辞めるしかないのなら、ただ病気になって辞めるのではなくて、法的に争ってみようと思ったのだ。

ただ、ブラック企業ユニオンに相談に訪れた際も、最初は退職することを前提としていたという。それだけ、会社と争うことへの心理的ハードルは高い。実際に、転職活動もしており、転職先が決まったら闘おうと思っていたが、結局うまくいかなかった。

北氏はそこで追い込まれていった。転職先が見つからずに仕事を辞めることはできないが、このままの環境で働き続けることもできない。我慢して働いていれば、いずれ病気になってしまい、結局は家族を守ることもできないだろう。「だったら、闘うしかない」と腹をくくった。

同社では、北氏のように、「ブラック企業からブラック企業へ」、あるいは「非正規雇用からブラック企業へ」、はたまた「ブラック企業↓非正規↓ブラック企業」と不安定な仕事を繰り返している同僚は多かった。転職することでもっとまともな仕事に就けるにちがいない。そう思って渡り歩いてきて、「どうしようもない」と感じている。労働組合で知り合ったのも、そうした人たちだ。皆、ブラック企業や偽装請負、「派遣切り」などを経験し、この職場に流れ着いていた。(6)

ストライキへ突入

ジャパンビバレッジの争議に話を戻そう。北氏たちの遵法闘争にもかかわらず、会社側は残業代の支払いや北氏への懲戒について、態度を変えようとしなかった。また、ジャパンビバレッジ側は遵法闘争に対しても大掛かりな封じ込め戦略に出てきた。同社の管理職やほかの支店から30名以上をかき集めて、1日あたり7～8人程度が東京駅に追加配備されていたのだ。

もともと人手不足で休憩が取れないのだから、増員が定着するのであれば、遵法闘争のひとつの成果と言える。しかし、残業代未払いと組合員の懲戒処分という労働法違反が解決していない以上、こうした動きは「組合運動潰し」である。

ユニオンは、この状況を打開し、ジャパンビバレッジの労働法違反を正すためにストライキの敢行を決意した。何よりも、同僚たちは、違法状態を改善しようと立ち上がった北氏を守りたい、その一心で団結していた。

遵法闘争の次に予定していたのは、ゴールデンウィーク中の本格的な全日ストライキだ。全日ストライキとは、残業なし・休憩1時間取得の遵法闘争どころではなく、丸一日労働しないということである。当然、参加した労働者にその日の給料は出ない。また、売り切れがこれまで以上に続出し、駅の利用者への影響も大きくなる可能性が高い。

ついに2018年5月3日、JR東京駅の担当者は午前9時過ぎをもってジャパンビバレッジにストライキを通告し、業務を停止した。ペットボトルや缶の詰まった段ボールが積み上げられたままの台車は、通行人が接触してケガをしないように「ストライキ実施中につき、台車を一時、停車します」との注意書きを括《くく》りつけたうえで隅に寄せられた（19頁の第1章扉の写真）。組合員たちは、台車の横に立ち、引き継ぎ要員が来るまで、利用者の安全に気を配った。

左派も右派も、SNSでストライキを支持

現場を見ていた組合員によれば、すでに2週間以上にわたって遵法闘争を継続していた影響もあり、スト突入前後にはあちこちで「売切」の表示が点灯していたという。ずらっと並んだ「売切」の赤いランプに気づいて自動販売機の前で立ちすくみ、購入をあきらめてしまうカップルや家族連れが多数見受けられた。台車の注意書きについても、物珍しそうに眺める家族連れの父親や、「ストライキだって……」と隣人の肩を叩《たた》く若い女性など、反響はさまざまだった。

なかには、あらかじめストライキの情報を聞きつけていたらしく、一眼レフのカメラを構えて自販機を撮影する男性や、台車に括りつけられたユニオンの注意書きを撮影して、「応援します！」「飲み物は駅ナカのコンビニで準備済み」とツイートする人もいた。

ジャパンビバレッジ側は当日、普段の倍以上の人数になるように、人員を各営業所から「スト破り」要員として招集していたため、長時間「売切」が放置されていたわけではない。とはいえ、利用者の多い箇所では、昼過ぎには再び「売切」ランプが続々と点《とも》りはじめ、しばらくしてから補充が追いつくという、ストライキの影響とスト破りの「いたちごっこ」が続く状態だった。

さらに、インターネット上の反響は大きかった。この様子を紹介した筆者の記事もヤフージャパンのトップページに上がり、「ジャパンビバレッジ東京」はヤフーのリアルタイム検索で話題のキーワードのランキング2位にまで上昇した。

ツイッター上では、年齢層や政治的な立場を超えてストライキへの共感・応援の声が見られた。安倍政権反対派も支持派も両方が応援していたし、政治的な発言をほとんどしていない若者も好意的に言及していた。驚くべきは、ツイッターの反応は、ほぼすべてがストライキを支持していたことだ。日本でストライキがこれほど大衆的な支援を得られたことは、戦後の歴史を見てもあまりなかったのではないだろうか。

また、ジャパンビバレッジの争議を受けて、同業他社の労働者たちからは「自分たちも似たような状況だ」「改善したい」という声が寄せられた。ブラック企業ユニオンでは、積極的に今回の争議についてチラシを作成して、街中のドライバーたちに声をかけて宣伝していたのである。

同業他社への宣伝は、同ユニオンの「戦略」だった。後述するように、その後、同業他社でもストライキが実施され、「自販機産業ユニオン」が結成された。業界全体への関心が高まることで、ジャパンビバレッジの問題はますます社会的な関心を集めることとなっていく。

一方、ジャパンビバレッジ社は「火消し」の対応に追われていた。関係者から寄せられた情報によれば、ジャパンビバレッジは取引先に対して、「SNSやメディア等において大変お騒がせしている」「ご心配をおかけし誠に申し訳ございません」と書面で平謝りしていたという。

そこでは、Q&A形式で「東京駅の売り切れ続出は事実か?」「今後、当社(の設置する他の自販機)にもこのようなこと(遵法闘争)が波及するのか?」などのストレートな問いを率直に掲載しており、今回の闘争に対する取引先からのプレッシャーが大きいことが見て取れる。

結局、遵法闘争とストライキの結果、事業場外みなし労働時間制の廃止、過去の未払い賃金の支払い、休憩取得、有給休暇の取得、支店の労働者の増員が決まった。現在では職場の労働環境はある程度改善し、以前のような長時間労働や不払い残業は減少しているという。(7)

スト破りへの対抗策

今回、ストライキと同時に採られた労働組合の戦術についても紹介しておきたい。それは、ハローワークの求人情報などについて定めている職業安定法の活用だ。

労働組合のストライキの「天敵」といえば、新しい人員が職場に投入されてしまう「スト破り」である。他からスト中の事業所に労働者を異動させたり、新しく労働者を採用したりする「スト破り」によって、ストの効力は大きく削《そ》がれてしまう。この手法は今回のジャパンビバレッジでも会社側が盛んに導入し、2019年の佐野サービスエリア（SA）のストライキ（第2章で説明）でも注目された。

実は、このような事態に歯止めをかけるため、職業安定法では、ストライキが発生している際に、「スト破り」を利さないようにハローワークの求人を止めることができると定めているのである。

今回のストライキでも、ブラック企業ユニオンはこの規定を活用している。管轄のハローワークに、ストライキの実施を電話で通報した結果、ジャパンビバレッジ東京の東京駅支店の求人票は、ハローワークで受け付けを拒否する状態になった。(8) 担当のハローワーク職員によれば、管轄内でこのシステムを利用したのは実に10年ぶりだという。いかに日本でストライキという武器が生かされていないかがわかる。

ブラック企業ユニオンの所属する総合サポートユニオンでは、この制度を頻繁に利用している。2018年、仙台市内の介護施設で組合員10名以上がストライキを通告した際にも、ハローワークに通報して求人票を停止させている。担当者によれば、仙台市でこの規定を利用したのは史上初だったという。しかも、このときは仙台市だけではなく、宮城県以外の全国での求人も広範に停止されている。

ブラック企業と労働市場

今日のブラック企業では、この労働市場を通じた「労働力」を枯渇させる戦略がより効果をもたらす。

ブラック企業では、長時間労働やパワハラで労働者を使い潰すまで働かせて利益を上げ、彼らが辞めると代わりの労働者を大量に採用する、というサイクルが常態化している。ということは、採用に歯止めをかけられると、たちどころに業務が立ち行かなくなってしまうことになる。このため、ブラック企業と闘うには、労働組合を通じたハローワークによる採用規制が極めて大きな効果をもつのである。

同時に、SNSによる宣伝効果も労働市場に大きな影響をおよぼす。「ブラック企業だ」ということが問題となれば、途端に求人が難しくなるからだ。SNSによる宣伝活動は、世論を味方につけると同時に、ストライキの労働市場への影響力を拡張するための手段でもあるわけだ。

最近の人手不足は少子化だけで引きおこされているわけではない。ブラック企業が多くを占める劣悪なサービス業では、そもそもずっと前から「人手不足」が続いている。過酷な労働で次々とうつ病になったり嫌気がさしたりして人が辞めていくからだ。そのような過酷な労働環境では、ストライキやこれにともなう求人停止、そしてＳＮＳの発信は十分に威力を発揮するのである。つまり、今日は、ストライキが効果を発揮しやすい時代になっているといえる。

以上のように、ジャパンビバレッジの労働者たちのストライキ闘争から、労働者たちがもつ「労働力」という交渉資源の意識的な活用が、いかに効果的なものか、その「原理」の実践を鮮やかに見て取ることができるだろう。このストライキの原理は長い歴史を経て、今日の日本においても生き続けているのである。

註

1　労働法上は「ストライキ」は争議行為の一部であり、「ストライキ」と「ストライキ類似の行為」も別であるが、ここでは「原理」のさまざまな応用として理解し、これらを一括して扱う。

2　第2章で述べるように、ストライキの現代的な形態は19世紀の末に確立したと考えられる。ただし、それ以前にも労働者たちは近代化の進展に抗して、労働力の意識的なコントロールによって賃金の水準を確保してきた。

3　ただし、ストライキは近代以後に一般化した制度である。労働力が商品化し、雇われて働くという賃労働関係が社会全般に普及したからだ。それ以前は労働は身分秩序に従って実現され、前近代の職人の待遇は労働市場によってではなく、国家によって規定された。そのため、ストライキが行われたとしても、それは国家への要求行動であり身分秩序を補完するものであって、労働市場そのものを標的としているわけではない。さらにいえば、近代以前には自由な労働市場が存在しなかった。このように、商品としての「労働力」を意識的にコントロールするストライキは、資本主義社会に特有の制度である。

4　労働組合法は一定の条件のもとでのストライキを正当な行為としており、すべてのストライキが保護されるわけではない。例えば、政治ストは基本的に正当な行為とは認められていない。労働法がストライキを保護するのは、自由な労働市場では使用者側が強力な権力を有しており、労働者たちは実質的に自分たちの労働力を対等に販売できないと考えられているからだ。そのため、ストライキは「対等な交渉」を実現するための正当な手段として、一定の条件のもとに法的に保護されている。ただし、ストライキは歴史的にも、そして現代の世界を見ても、法律の保護の範囲を超えて行われることが一般的である。法律の保護はストライキの「一部」をカバーしているに過ぎず、国や時代によってもその範囲はかなり異なっている。法律に保護されるストライキだけが「正しいストライキ」だというわけではないことには特に注意が必要である。

5　法律で保護されないストライキが世界中で行われてきたことに特に注意してほしい。この点は4章で再確認する。

6　例えば、同僚のひとりは、高校を卒業して料理人の仕事に就き、ふぐ調理免許も取ったが、寮住まいで自由がなく、仕事も忙しかった。8時から22時までの勤務で、休みは月7日程度。給与の額面は17万円程度だが、寮費を天引きされ手取りは11万円。次に都内の自動車工場の派遣社員として2年働き、期間工に直接雇用され、計4

年就労した。工場では当時、偽装請負問題が発覚し、労働組合が交渉して直接雇用に切り替わる光景も目の当たりにした。リーマンショックで「派遣切り」が吹きあれる数年前のことである。しかし結局、彼もリーマンショックであっさり雇い止めになってしまった。その後は、太陽光パネルの会社で営業として働いたが、成績を上げられず、給与を下げられたことをきっかけとして退職。次の仕事はすぐに見つからず、友人の廃品回収業を手伝ったりして食いつないだ末、ジャパンビバレッジで働くことになった。この同僚も妻と子どもがいて、身体がいつまでもつか不安を抱えながら、同社のブラック労働でなんとか家族を支えていた。

7　ジャパンビバレッジにおける争議については『POSSE』39号（2018年7月）所収の緊急企画「東京駅の自販機を空にした労働組合」に詳しい。

8　詳細は「ブラック企業の求人停止という戦略──ジャパンビバレッジの事例から考える」『POSSE』40号、2018年11月

第2章

新しいストライキ

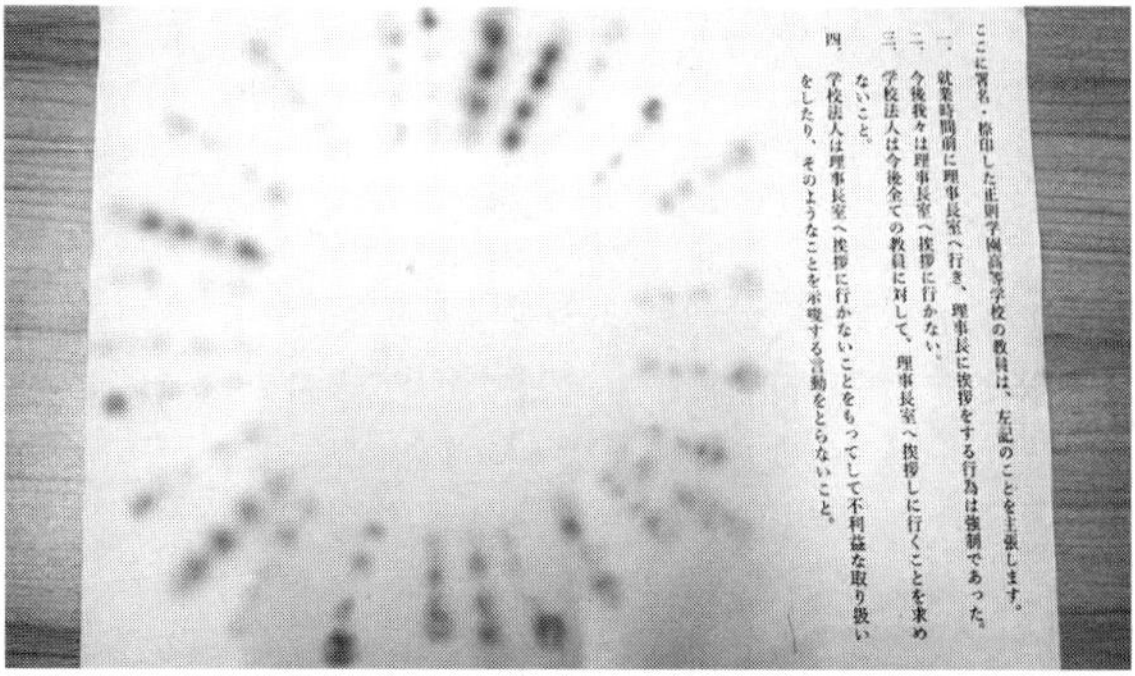

ここに署名・捺印した正則学園高等学校の教員は、左記のことを主張します。
一、就業時間前に理事長室へ行き、理事長に挨拶をする行為は強制であった。
二、今後我々は理事長室へ挨拶に行かない。
三、学校法人は今後全ての教員に対して、理事長室へ挨拶しに行くことを求めないこと。
四、学校法人は理事長室へ挨拶に行かないことをもってして不利益な取り扱いをしたり、そのようなことを示唆する言動をとらないこと。

都内の私立高校に提出された、教員たちの抗議の署名。誰が最初に書いたか分からないよう、放射状になっている。こうした署名は「傘連判状」といい、江戸時代の一揆の際に用いられた

いよいよ本章では、アップデートされた「現代のストライキ」の特徴について紹介する。近年話題となった多くのストライキを分析し、その画期性について考えていこう。

これまでの「主役」は交通系のストライキ

「はじめに」で述べたように、日本では争議の件数は劇的に減少し、海外と比較するとほとんど「ゼロ」の状態が続いている。より正確にいえば、ストライキを含む争議は2017年には68件に過ぎず、しかもその多くは春闘に関係した「時限スト」である。要するに、いつストを解除するかをあらかじめ決めている形式的なもので、本格的な「争議」というわけではない。

厚生労働省によれば、ストライキは産業別に多い順に運輸業・郵便業（27・9パーセント）、製造業（23・5パーセント）、医療・福祉（20・6パーセント）、情報通信業（13・2パーセント）となっており、運輸業の比率が比較的高い。

春闘に絡む穏健なストライキが多いなかで、人々の「足」に影響するため注目されやすいのが交通系のストライキだ。記憶に新しいところでは、日本航空（ＪＡＬ）のパイロットたちや、ＪＲ東日本のストライキ未遂が話題になった。

このほかにも、２０１４年には相模《さがみ》鉄道、相鉄バスなどの労働組合が賃上げなどを求めて神奈川県の全線でストライキを行ったため、鉄道やバスが始発から2時間近く運休し、約6万人が影響を受けた。２０１６年12月4日には、川崎鶴見臨港バスの運転士らが、拘束時間の短縮を求めて24時間の時限ストを実施している。２０１７年には、長崎市に本社を置く九州商船の船員１１２人が加盟する全日本海員組合が、労働委員会の救済命令を無視する会社に対抗するため無期限のストライキに突入した。２０１９年4月には、全国の港湾労働者でつくる全国港湾労働組合連合会が、春闘での賃金改善や最低賃金の引き上げなどを求めて、ストライキを実施している。

このように、日本でもストライキそのものが消滅したわけではない。ただし、これらの交通系ストライキでは、一部でストライキを支持する声も見られたが、多くの利用者から「ふざけるな」「迷惑だ」と怒りの声が上がっていたことも事実だ。

日本のストライキの特徴

そもそも日本では欧米以上にストが理解されにくい事情がある。それは、日本の労働組合が「企業別組合」であるという事情だ。

欧米では、基本的に組合は産業や職種ごとに結成されている。有名なところでは、製造業の大半を含むドイツの「IGメタル」が、世界最大の産別労組である。産別労組の強みは、労働条件の交渉を行う際に、同産業の使用者団体に対して要求を掲げ、一斉にストライキを打てることだ。

一斉にストライキを引きおこすことで産業全体が問題となる。そのため、産業内の企業間の格差を縮めると同時に、産業内の職種ごとの賃金格差も、労働者が納得できる範囲に抑えることができる。同じ職種に対しては同じ水準の賃金（同一労働同一賃金）を求め、産業内の異なる職種に対しても納得できる範囲に格差を抑制する（下請けや新卒の買い叩きもできない）。

こうして、企業間の競争（我が社だけ賃金を上げれば、競争で負けてしまう！）に巻き込まれることなく、全体の底上げができるし、職種間の関係も問題になるから、実に多くの利害関係者が共同して交渉に関与することになる。

ところが、企業別組合の日本の労働者たちが労働条件の改善を求めたとしても、「個別企業」の賃上げや解雇が問題とされ、欧米のような、産業全体や職業別の労働問題にはならないのである。

たしかに、正社員の解雇・リストラの問題も、ストライキの「原理」から見れば、企業の従業員たちが集団的にその労働力をコントロールして労使交渉を行う行為ではある。ただし、その団結の「範囲」が極めて狭く、個別企業に限定されている。

ひとことでいえば、ある企業の正社員が解雇されたとしても、多くの労働者には無関係な、「他人事《ひとごと》」に過ぎないのである。(1) しかも、これまで労組がリストラを問題にしてきたのは正社員の男性だけ。「寿退社」「出産退職」が女性に対して強要されていても問題にしなかったし、非正規の解雇にも冷淡だった。当然、自社に使われる下請け企業がどんなにいじめられていても助けることはまずなかった。

利用者にとって迷惑なうえに、多くの労働者にとっても「他人事」。労組に対する信頼感も低い。これでは日本でストが支持されないのも無理からぬことだ。

サービス業化

ただし、課題を抱えているのは日本のストライキだけではない。職種別・産業別が基本の海外の労働運動においても、以前と比べればストライキは減少してきた。

まず、製造業からサービス業へ産業構造が転換するなかで、労働者の団結は難しくなった。大きな工場で、皆同じような労働条件で働いている場合には、労働者は連帯しやすい。職務ごとに賃金を決定し、職務間の序列も明確にすれば、全員が一丸となってその水準の向上に向かって団結できる。

「同一労働同一賃金」の原則によって、同じ職務ごとの賃金に格差をつけることを許さないのが欧米流だ。「お前は仕事が遅い」とか「態度が悪い」「サービス残業をしない」といった理由で賃金に格差をつけることを許さない。

例えば、仕事に就いたばかりの販売員が時給1500円であれば、同じ技能レベルの販売員には同一の「職務給」を保障することによって、その賃金水準を時給1500円以上

に引き上げるように交渉する。(2)

ところが、サービス業では、労働者は就労先が分散し、同一の労働条件を交渉することが難しくなる。事実、労働組合の組織率を見ても、サービス業は製造業よりもずっと低い。この傾向は海外でも変わらない。

また、サービス業では「生産性」が上がりにくいことも、労働組合の組織率が低くストライキが起こりにくい要因だと考えられている。製造業の場合は、新技術の導入や労働能率の改善活動によって、劇的に生産性を向上することができる。それで生じた利益を労働者に分配するという、いわば「生産性の分け前」をめぐる交渉が可能だった。企業側も利益が増えるのであれば、ストライキに譲歩しやすい。ところが、流通業やサービス業ではそうした生産性の上昇の余地は乏しい。

特に対人サービスの領域では、機械による生産性向上は製造業ほど望めない。考えてみれば当然だ。人が人にサービスするところに経済的な価値の源があるのだから、省力化によって効率を上げること自体に原理的な制約がある。このような状況では、賃上げの要求は、経営者の利潤と正面から対立せざるをえない。

労働者の「多様化」

さらに、女性の社会進出が進み、非正規雇用が増加するなかで、労働者の属性も労働条件も「多様化」してきた。それにより、ますます労働者の連帯は困難になっている。

例えば、これまでなら「男性正社員の一律賃上げ」や「男性正社員の解雇反対」で企業内労組はまとまれたが、そうした要求からは非正規雇用や女性は排除されてしまう。

それどころか正規と非正規の利害は正面から対立する場合も珍しくはない。非正規雇用の賃金を引き上げることで正社員の賃金が引き下げられると考え、非正規雇用の賃上げに反対する正社員組合まである。

また、解雇規制に関しても、正社員の雇用を守るために非正規雇用を解雇することは、裁判例上「合理的」だとされている。むしろ、正社員のリストラを避けるために、あらかじめ非正規雇用をリストラしていなければならないと裁判所は考えている。このような論理はますます労働者を分断する。

グローバル化・消費社会化

グローバル競争の激化もストライキを難しくした。特にグローバル化の影響が大きいのが、直接国際競争にさらされる製造業だ。「工場が移転するかもしれない」。この言葉は世界中の労働者を震え上がらせ、ストライキを思いとどまらせるようになった。

そして、極めつけは、「消費社会化」である。これまで、人々には「自分たちは労働者だ」という強烈なアイデンティティがあって、それが団結の基礎となってきた[3]。

だが、近年では労働者は多様化し、しかも、非正規などの仕事はますます劣悪になっている。そうしたなかで、労働者でありながら、むしろ労働者に敵対するような「消費者」としてのアイデンティティが形成されるようになった。

労働者の立場を理解せずに、過剰なサービスを要求する「クレーマー」がやたらとはびこっていることがこの現れである。

賃金が上がらなくとも、人々が「消費者」で居続けるために、社会はあらゆる制度を整備してきたといえる。リーマンショックの引き金になったサブプライムローン制度はその象徴だ。日本でも2010年代、投資先を求める銀行各社が「カードローン」をばらまき破産者を大量に生み出してきた。
人々が「消費者目線」になれば、ストライキへの「労働者としての共感」よりも、「消費者としての嫌悪」のほうが優位になっていく。こうして労働運動やストライキはますます邪魔者扱いされるようになっていったのだ。

「新しいストライキ」

ところがこの数年、これまでとはまったく異なり、世論の強い支持を受けて、逆に世論の力を企業との「交渉力」に変えてしまうようなストライキが次々に登場している。それが、本書の主題である新しい時代の「新しいストライキ」である。
「新しいストライキ」で目立つのは、これまでの交通系ではなく、サービス業や流通業だ。
話題になったものだけ列挙しても下記のとおりとなる。

2013年：「非正規ストライキ」（東京メトロの売店で働くパートタイム労働者）
2014年：「ネットスト」（すき家の「ワンオペ」に反対するストへの呼びかけが話題に）

2016年：「介護ストライキ」（札幌の介護老人福祉施設）
2018年：「図書館ストライキ」（練馬区の図書館）、「教員ストライキ」（複数の私立学校の教員たち）、「保育士の一斉退職」が社会問題化
2019年：「中小企業のストライキ」（佐野SAのストライキ）

「保育士一斉退職」や「ネットスト」（ワンオペスト）は労働組合法に基づく正式なストライキではない。しかし、労働力のコントロールによって抗議したり、労働条件を改善しようとする点で、原理的にはストライキと同じだ。

さらに、ストライキに至っていない労働争議まで幅広く見ると、コンビニエンスストアのオーナーたちの「コンビニオーナー問題」（一部にストライキの動きもある）、居酒屋ワタミをはじめとした外食チェーン店の労働問題、そして、ヤマト運輸やアリさんマークの引越社、大手エステサロン企業などが「ブラック企業」と報じられたような問題が社会の高い関心を集めている。

「社会正義」とSNS――佐野SAのストライキ

前頁に挙げた一連のストライキの「新しさ」は、多くの人々に支持されている、というところにある。これらのストライキでは、社会的不条理への抗議が前面に出ており、それが支持につながっているのだ。

例えば、「非正規スト」は、「貧困問題」という社会悪が背景にあるからこそ注目を集めている。最近では、中年フリーターたちの状況の深刻化や、女性の貧困への怒りと共感が社会的に広まっている。

「保育士一斉退職」や「教員スト」「介護スト」は、サービスを受ける子どもや老人を守るという社会正義が賭けられている。特に、学校や保育園の労働問題は、直接に子どもたちが受ける「ケアの質」にかかわる。

そして第1章で見たように、ストライキの抗議や社会的正義・正当性が広く支持されることで、ストライキそのものの効果も倍増しているのである。ここで効果を発揮しているのが、SNSによる当事者からの発信だ。

第1章のジャパンビバレッジのケースでも、SNSによる社会正義の主張の拡散が、ストライキに威力をあたえていた。このケースに加え、より象徴的なのは、2019年夏の佐野SAのストライキだろう。

ストライキの舞台となったのは、東北自動車道の佐野SA（上り線）だ。ここは年間170万人が利用する人気のサービスエリアであり、ご当地ラーメンの「佐野らーめん」が有名だ。ストライキに参加した従業員は、フードコートや売店の厨房《ちゅうぼう》で働くスタッフや接客スタッフたちで、約50人が1カ月以上にわたってストライキを敢行した。(4)

ストライキに至った直接の理由は、親会社の経営状況の悪化と総務部長であった加藤氏の解雇だったが、その背景には、会社の経営体質の問題があった。そもそも、同社では社長に気に入られていた前任の総支配人が毎日のようにパワーハラスメントを繰り返していたという。スト後に公開された従業員を暴力的に怒鳴りつける音声は、社会に衝撃をあたえた。(5)

経営もずさんで、同社はストの前から取引先に代金を払えず、店頭から品物が消えてしまう状況に陥っていた。従業員の賃金も一時払えない状況だった。総務部長の加藤氏は、それでも取引先と粘り強く交渉し、品物を売店に置けるように苦慮していた。ところが総支配人は会社の経費で200万円のバッグや100万円相当の家電を購入。社長から総支配人に700万円のレクサスが「プレゼント」されていたという。そして、あろうことか社長は加藤氏の解雇にまで踏み切ったのである。

8月14日、加藤氏はやむにやまれず、店舗の入り口にロープを張って、ストライキをする旨の紙を貼り出した。そこには次のように書かれていた。

佐野SA上り運営会社ケイセイ・フーズ岸敏夫社長の経営方針にはついていけません。これは従業員と取引先のみなさんの総意です。解雇された部長と支配人の復職と、経営陣の退陣を求めます。

さらに加藤氏はSNS上でストライキの経緯を説明。張り紙をドライバーたちが目撃し、次々にSNSで拡散することで、ストライキのニュースは全国に知られることになった。

多くの利用客が訪れるお盆の真《ま》っ只中《ただなか》にストライキが行われたこともあり、当初は利用客の反発も懸念されたが、実際には、多くの人々はむしろストライキに対して好意的だった。ストを主導した加藤氏のツイッターアカウントは、あっという間に8000人以上にフォローされた。

以前であれば、マイナーな地方のストライキがこれほど社会の話題をさらうことはなかっただろう。誰にも気づかれずに、ひっそりと終わりを迎えていた可能性もある。しかし、当事者本人の発信と、ストの光景に気づいた客たちのSNSによる拡散が、ストライキのデモンストレーション力を爆発的に拡大させたのである。

そこに、スト参加者の人物像も加わる。加藤氏は自らの貯金1500万円を切り崩し、労働組合に供託し、ストライキに参加した従業員全員の給与を保障した。このような「人となり」も含めて社会正義への共感は拡散していった。

SNSで威力を得るストライキ

そのほかのストライキでも、SNSは大きな役割を果たしている。

牛丼チェーン「すき家」では、深夜時間の営業を従業員1人に任せる「ワンオペ」などの過酷な労働環境が「ブラックバイト」として問題化していたところ、2014年5月に、すき家の従業員に対してインターネット上でストライキの呼びかけがなされている。ツイッターでは「#すき家ストライキ」が拡散され、非常に大きな話題となった。すき家はその後、「ワンオペ」を停止し、店舗に必ず2人以上配置するようになった。(6)

また、コンビニ業界では2019年2月、大阪府にある「セブン‐イレブン東大阪南《みなみ》上《かみ》小《こ》阪《さか》店」で、オーナーによって自主的に夜間短縮営業が実施された。ともに働いていた妻が亡くなり、アルバイトも集まらず、連日16時間超の勤務となって生命の危険を感じたオーナーがやむなく時間を短縮して営業したというものだ。

セブン‐イレブン・ジャパンの本部は営業時間の短縮を認めず、オーナーに対して、営業時間を戻さない場合はフランチャイズ契約を解除すること、その場合には1700万円の違約金が発生することを伝えたとされる。この問題はSNSで怒りとともに拡散し、やはり社会的に極めて強い注目を集めた。

オーナーたちはコンビニ加盟店ユニオンを結成し、本部と対等な立場で交渉するために団体交渉を申し入れてきたが、本部側は労使関係ではないことを理由にこれを拒否してきた。しかし、上記の実質的なストが契機となり、本部は対応を迫られ、一部で時短営業が可能になるなど改善が実現した(7)。

さらに、2018年には、深刻な保育士不足が続くなか、都市部を中心に保育士の一斉退職が相次いだ。東京都世田谷区では2018年秋に民間企業が運営する保育所2カ所で一斉退職が起き、閉園を余儀なくされた園もある。目黒区、中央区、宮城県仙台市など、全国各地で同様の問題が発生している。

特に、世田谷の事件はSNSで大きな注目を集め、具体的な退職理由などが明らかにされていないにもかかわらず、ネット上のニュースの話題を独占した。保育士が辞めてしまい運営ができなくなると、利用者である保護者への影響は甚大だ。だが、退職した保育士たちを批判する声よりも、彼らに共感する声のほうが大きかった。

筆者がヤフーニュースに「世田谷保育士一斉退職　保育士は無責任だったのか?」と題する記事を配信すると、ツイッター上では、「未払いやパワハラが原因なら保育士さんたちは悪くない」「そもそも一斉退職してしまうような職場はマネジメントに問題があり、保育士が辞めた責任は企業側にある」といった反響が寄せられた。

このように、ＳＮＳにより労働問題が拡散し、全国的なニュースになる例は枚挙にいとまがない。(8)

「社会正義」のアップデート

実は、このような社会正義や抗議をデモンストレーションと結びつけることで、交渉力の源にする戦術自体は新しくはない。歴史をひもとけば、産業革命後の19世紀末から20世紀の初頭にかけて盛んにとられるようになっていった戦術だ。

それ以前のイギリスでは、労働者たちは、労働組合の要求する賃金を支払わない工場から粛々と撤退していた。当時の工場が求める人材の水準は高く、労働者たちは5年または7年かけて親方のもとで修業して仕事に必要な技術を身につけていた。そのため、親方たちが作る労働組合が「働かない」と決めてしまえば、工場は稼動できなくなってしまうのだ。

この構図を変えたのが産業革命とその後の大量生産方式の確立だ。(9) 19世紀末から20世紀初頭にかけて、労働は比較的単純な機械の操作ばかりとなった。労働者は（以前に比べれば）誰でもよくなってしまったのだ。そうすると、熟練労働者たちが粛々と劣悪工場から撤退しても、次々に農村から失業者が押し寄せてしまい、労働条件を守ることができない。

そこで、この不熟練労働者たちを組織した労働組合は、ストライキに訴えると同時に、これまで行っていなかった会社への直接交渉をするようになった。しかし、ストライキの効果は熟練労働者の時代に比べて弱い。

そのときに行ったのが、「ストライキ＋デモンストレーション」という戦術だった。1889年の有名なロンドンドンドックのストライキでは、労働者たちはストライキを行うと同時にロンドンのシティにデモ行進して、世論の支持を集めた。その際に重要な役割を果たしたのが「貧困問題」への社会の関心の高まりだった。19世紀末のイギリスでは労働者たちの貧困状態が暴かれ、社会問題化していたのだ。

労働組合のデモンストレーション戦略は、職業別組合が弱かったアメリカでは「ユニオン・ラベル」運動として、19世紀の中ごろから発展している。劣悪な労働環境で作られた商品を消費者に拒否させるため、労働条件が守られた工場の製品だけにラベルを貼り付けた。このやり方は今日まで続いている。

ここで、ストライキの原理を改めて思い出してみよう。ストライキが力をもつのは、「労働者たちの連帯」によって、「労働力という商品のコントロール」が可能だからだ。この原理が、不正義への「抗議」を備えることでバージョンアップを遂げたもの、それが20世紀以降の私たちが慣れ親しんだ「ストライキ」の姿だったのである。

実際に、社会正義の主張は戦後の日本でも行われている。日本の場合、象徴的な社会正義は常に「雇用を守れ」という一点だった。とりわけ大企業の正社員男性の終身雇用は、戦後日本社会では非常に重要な社会正義だった。あるいは、世界的に見ても「賃上げ」は戦後社会の重要な社会正義とみなされていた。

しかし、現代ではストライキの原理である「連帯」は弱くなり、「社会正義」という意味でも共感を得にくくなっている。それどころか、大企業の正社員男性の雇用保障は、もはや「社会正義」としては失効した感さえ否めない(10)。

つまり、「新しいストライキ」の大前提は、社会正義のアップデートにある。今日では、より多様な人たちに共感される「正義」が語られるようになっているというわけだ。そしてその「正義」の発信は、ＳＮＳというアンプを得てさらに威力を増している。

「現代のストライキ」の三つの要素

このように、ストライキの原理を効果的に発揮させるためには、第1章で見たようにより幅広い団結、すなわち「連帯」が必要であり、それに加え、多くの人に共感される「社会正義」の論理をも持ち合わせている必要がある。

では、新しい時代の「新しいストライキ」は、どのような「連帯」と「社会正義」の論理をもっているのだろうか。

その特徴は次の**三つの要素**から説明できる。

第一に、近年のストライキを含む労働争議では、労働者たちの「**職業的**[11]」な性格が前面に出るケースが多いということだ。この点は、「連帯」のあり方に深くかかわっている。

例えば、ヤマト運輸やアリさんマークの引越社、ジャパンビバレッジなどは、「ドライバー」という職業に共通する労働問題という職業的特徴をもっている。また、居酒屋ワタミ、日本海庄や、ユニクロなどは外食・小売りチェーンの「店長」という職種の過酷さで共通している。コンビニオーナーや彼らに雇われるコンビニの店員たちも同じだ。

職業的であることの意義は、個別の争議が「個別の企業の問題」を超えるところにある。今日の運輸業の労働者や保育士の争議は、個別企業の問題に端を発してはいるものの、職種に共通する労働問題として現れている。だから企業別労組の争議とは異なり、同業労働者にとって決して「他人事」ではない。

さらに、この点が第二の特徴にかかわってくる。

第二の特徴は、ストライキの「争点」が社会インフラの維持や次世代の再生産など、「社会的」なものに焦点化しているということだ。それゆえ、消費者にも共感されるような問題となる。

もっとも典型的なのは保育士一斉退職のケースだろう。保育士たちは劣悪な労働条件を強いられている一方で、女性の社会進出を支える極めて重要な存在だ。彼らの労働環境の問題は、そのまま子どもの保育環境の問題でもある。

同じように、私学教員たちのストライキも、次世代を育成する「教育の質」を問題にしている。また、運輸業の労働者たちの争議も、これまでの「個別企業である鉄道会社の賃金」のような問題ではなく、アマゾンなどの宅配物が大幅に増大するなかで、ドライバー不足が「社会インフラとしての運輸」を脅かしている状況に焦点化している。

もちろん、これまでのストライキも社会や産業の問題と関係していた。そもそも労働とは、社会を再生産させる行為なのだからそれは当たり前だ。ところが、これまでは「春闘」が主としてベースアップばかりを主張してきたように、争議の焦点は、生産性と賃金上昇ばかりに矮小化《わいしょうか》されてしまっていた。従来の争議は、今日ほど産業や消費、そしてこの社会の再生産を主題としていなかったのである[12]（これについては第4章で再度議論しよう）。

第三に、新しいストライキでは、これまでとはまったく異なる**「階層的」**な性格が前面に現れている。大企業の「正社員男性」を中心としたストライキから、普通に働いていても食べていくことができない非正規雇用、周辺的正社員、ブラック企業、偽装自営業などの労働者たちが共通して立ち上がっている。当然そこには多数の女性、さらには高齢労働者が含まれている。そのため新しいストライキは、社会から従来のように「労働貴族の特権」を守っているとは思われていない。

最後に、これらの要素が**インターネットやSNS**によって社会的な表現を獲得し、労働者間の結束の可能性を高めると同時に、爆発的に社会への影響力を増大させている。

以下では、ここまでの分析をさらに掘り下げ、①職業的、②社会的（消費者的）、③階層的、という三つのキーワードに従って、事例も交えながら新しいストライキの特徴を見ていくことにしよう。

自販機ベンダー業界に広がった「職業的」な意識

①職業的な特徴が、日本型を乗り越える「他人事」ではない労働運動を生み出している好例は、第1章で見た自販機ベンダー業界だ。ジャパンビバレッジの社員が加入した労組が東京駅でストライキを打つと同時に、同労組には同業他社の従業員から「うちの会社でも組織化したい」「ストライキを打ちたい」という相談がいくつも舞い込んだという。
そのひとつが自販機ベンダーの中堅企業である大蔵屋商事だ。同社の労働実態は、やはりジャパンビバレッジの場合と変わらない過酷な状態だった。従業員の多くは朝5時ごろに出勤し、退勤時間は夜20〜21時ごろになる。残業代を適切に払わないという点でも共通していた。

初任給約28万円のうち、基本給にあたる部分が16万5000円で、残りの11万5000円が96時間分の「固定残業代」にされていた。この契約内容では、過労死ラインとされる80時間の残業をしても、実質的に残業代は支払われない（固定残業代制については後述）。2019年2月には「自販機産業ユニオン」が結成され、ジャパンビバレッジと大蔵屋商事の労働者たちが、同時にストライキを決行するに至っている。[13]

団体交渉で「組合とはなんの約束もできない」と企業側が主張し続け、せめて「労働基準法違反をなくすこと」「労働時間を削減すること」だけでも約束してほしいと組合が求めたにもかかわらず、それすら拒否された末のストライキだった。[14]

コミュニティーユニオンの進化

こうした企業を超えた連帯の動きはかなり画期的だ。個別の労働事件が発端となって、業界横断的に問題が提起されることは極めて珍しい。

そもそも、これまで日本の企業別組合の論理を乗り越える原動力となってきたのは、1990年代以降に日本社会に定着してきた「コミュニティーユニオン」（一般に「ユニオン」と呼ばれる）である。日本の労働組合は大企業の正社員・男性に局限された組織だったが、その「隙間」を埋める運動をしてきたのが、コミュニティーユニオンであり、彼らは中小企業の労働者たちを積極的に組織していった。

コミュニティーユニオンの基本的なかたちは、中小企業の企業別労組がベースとなり、これが地域で合同しているというものだ。彼らは、企業で虐げられる各個人の雇用や人権を守るため、企業を超えて地域で連帯して闘ってきた。例えば、ある会社で不当解雇が行われれば、地域の小さな組合が連帯し、大挙して会社前に押し掛けるといった具合だ。大企業労組がベースアップやリストラ問題にしか興味を示さず、社内のいじめや追い出し部屋を見過ごすのとはまったく異なっている。

2000年代に入ると個人加盟方式をとるユニオンも現れ、さらなる進化を遂げた。非正規雇用の組織化へも広がっている。

しかし、ユニオン運動はあくまでも個別企業の雇用・人権問題に限定されがちであった。地域で連帯するにしても、そこには「同じ職種」のような共通する原理があるわけではない[15]。だから、ユニオンは昔から「回転ドア方式」とも呼ばれる。こまっている労働者が入っても、自分の問題が解決したら辞めてしまう人が多いので、「加入→解決→脱退」を繰り返してしまうのだ。

これに対し、近年はドライバー不足やパワーハラスメントが問題となっていたアリさんマークの引越社の事件[16]や、アマゾンの取引量の増加と人手不足で労働が過酷となり、残業代も不払いだったことが問題となったヤマト運輸の事件[17]に見られるように、地域のユニオンの取り組みでありながら、「職業」の問題として広く社会に認知される事例が増えている。

そして、より自覚的に職種を意識するユニオンも現れ始めた。例えば、個人加盟方式の首都圏青年ユニオンでは、美容師からの相談が多かったことから「首都圏美容師ユニオン」を新たに結成している。

また、総合サポートユニオンは個人加盟のユニオンでありながら、その支部に「エステ・ユニオン」「私学教員ユニオン」「介護・保育ユニオン」などを発足させている。先ほどの「自販機産業ユニオン」の結成もそうした流れの一環だったのである。

共通化する「職種」

このように、個別の労働事件が企業を超え、職業的連帯へと発展していることには理由がある。それは、サービス業化の進展で、「職業」がある種の「復活」を遂げているからだ。

先ほど述べたように、サービス業化は労働運動やストライキを弱らせた原因だった。たしかにサービス業では、労働者が大きな工場で一カ所にまとまるようなことはない。

だが、サービス業では職種が明確な場合が多い。介護、保育、美容師、エステティシャン、教師、ドライバー、居酒屋店長といった職種は、会社が違っていても仕事内容は大きく変わらない。だから、むしろ職業を通じたまとまりが形成しやすいのだ。

一方の大工場では、さまざまな職種が混在する。一人ひとりが担当する職務は全体の歯車のひとつに過ぎないし、日本の工場では稼働状況に合わせてめまぐるしく配置換えされていく。これに対し、サービス業では職務が限られており、ひとまとまりの職種として継続しやすい。製造業では専門職種がバラバラにされて企業のなかに「封じ込められていた」構図だったのとは違い、職種が社会化され、連帯構造を作り出しているのだ。

さらに、サービス業では、コンビニ、外食チェーン、自販機ベンダー、宅配業といった「業種」ごとにまとまりがあり、それぞれの業種ごとに職業の問題は共通して形成されている。コンビニの「店長」は、狭い地域の多店舗展開（ドミナント戦略）や深夜営業に苦しんでいる。また、外食チェーン店の「店長」も深夜営業が長時間労働を生んでいる。ベンダー業界のドライバーは、自販機の乱立から過労に陥っているし、宅配業界のドライバーの過労は、ネット通販の拡大が発端だ。

「再職業化」の構図

とはいえ、介護士や保育士、コンビニなどの店長といった職種は以前から存在している。なぜ最近になって職種のまとまりがクローズアップされるようになってきたのだろうか。

理由はふたつある。まず、保育士や介護士は、もともと多くが自治体のケアワーカーだった。あるいは、民間の保育士たちは、女性が若い期間にだけ働く職業として、社会から「見えない」状態にされてきた。職業として存在していても、公務のなかにあったり、「女性の職場」として社会から重要視されない状況が続いていたのだ。特に保育は「子どもと遊んでいるだけ」と、男性中心社会の中で軽視され続けてきた。若い保育士は結婚と同時に仕事を辞め、中高年の場合には「主婦」が生計の足しにするような、「生産性の低い労働」とみなされた(18)。

もうひとつの理由は、「本部からの一括管理」が進んでいることだ。居酒屋やコンビニの店長たちに関しては、そもそも多くの飲食店や小売店は、1970年代までは「自営業」だった。だが、地域の酒屋や米屋が減っていき、大手コンビニに吸収されていった。それまでは自ら商品を選び、販路を開拓してきた店主たちも、コンビニでは商品を選ぶことも、値段を自分で決定することもできない。アルバイトの人件費の割合さえ本部に管理されている。フランチャイズに飲み込まれることで、「自営業」としての自律性が失われてしまったのだ。

また、外食業でも、独自に腕を磨いて独立独歩で経営してきた個人経営の飲食店が淘汰《とうた》され、画一的な料理を出す、マニュアル化された大手外食チェーン店に飲み込まれていった。

だが、チェーン展開が進んでいっても、すぐに変化は現れなかった。正社員の終身雇用や年功賃金がある程度守られている時代[19]には、サービス業でも店長や調理師というよりも「会社員」としてのアイデンティティが強く保たれていた。

コンビニのオーナーにしても、営業方法の自律性こそ奪われたものの、当初は土地や建物を自己所有するオーナーが多く、彼らは利益をためて多店舗経営にも乗り出していった。本部の下請けではあるが、ある種の中小企業の経営者にはなれたわけだ。

しかし、今日では状況が異なる。ケア労働では、介護保険による介護の市場化や保育の民営化が進んだ。彼らの労働条件もアイデンティティも、もはや公務とはまったく無関係だ。また、ケア業界は労働人口が激増し主要産業と化しており、未婚女性と主婦の「女性職場」として等閑視することはもはやできない。

一方、多くの外食チェーンや小売店は、以前のような職人的労働や本当の自営業ではなくなり、正社員であっても、以前のような終身雇用や年功賃金が適用されないケースが増えている。そこでは特別な「料理人」でも、大企業の「管理職」でもなく、独立独歩の職人としての属性も、個々の会社に強く統合された年功型社員としての属性もはぎとられたような、「店長」という職種が浮かび上がっている。

仕事の仕方はどこの小売業でも本部に一括管理されている。飲食業でも、オリジナルの料理など作らない。現場の正社員たちは、共通の高度にマニュアル化された労働をこなすという点で、お互いの類似性がますます高まっている。

そして、多くの企業で共通した劣悪な労務管理が適用されている。労務管理についでは後述するが、例えば、過労死を出した居酒屋チェーン店では、新規採用した正社員にひたすら同じ業務を長時間させ、時給は最低賃金だった。

「労働力」の重要性が今日も作動している

このように職種が明確になり、お互いの問題がよく理解できるからこそ、今日のサービス業では職業的連帯が可能になる。旧来型の企業別労組の争議は「他人事」に思えていたが、職種としての問題がせり上がってくると、「自分たちの問題」だと感じられるようになってくるわけだ。「あの事件になっている保育士の人員不足の話、うちと同じだ」という具合に。

しかも、これらの職種は問題が共通性をもつだけではなく、「同じように闘えば改善できる」という意味でも、共通した潜在力を有する。

すでに述べたように、サービス業は店舗が分散しているので、労働者は連帯しにくいと考えられてきた。しかし、小規模店舗だからこその、強みもある。

何よりも大きいのは、個々の店舗は事業所として小さく、その中には正規・非正規の労働者が入り交じっているのだが、働いている人数が少ない分、少人数のストライキでも簡単に業務を止められてしまう点だ。

だからこそ、アルバイトの「ワンオペスト」も有効になる。人員を極限まで削り、ひとりの店舗になっているのだから、そのひとりがストライキをすれば、甚大な影響をあたえられる。仮にその穴をほかのバイトで埋めるにしても、複数人で同時にストライキすれば、ほとんど打つ手がなくなる。

つい最近は、飲食店での「バイトテロ」が世間を騒がせたが、バイトテロが止められないほどに、職場管理は「バイト依存」だともいえる。つまり、ストライキの「原理」（「労働力の販売」を意識的にコントロールすること）はむしろ、闘い方次第では、その効果が強まっている側面さえあるわけだ。

あるいは、36協定（サブロク協定。正式には「時間外・休日労働に関する協定届」）を逆手にとったストライキも可能だ。使用者が従業員に残業させても罰せられないためには、労働者代表と書面で36協定を結ばなければならないが、この協定の労働者側代表は、職場ごとに選挙で過半数から選ばれる必要がある。小規模事業所であれば、少数が立ち上がるだけで、「36協定」を盾に取った「残業拒否ストライキ」も可能だ（この戦術については、付録で詳しく紹介する）。

そして一度事件になれば、それは一気にSNSで拡散し、職種的・社会的（消費者的）な問題として社会の共感を得られる。まだ日本ではそこまでの流れは作られていないが、これが職種的な連帯として強固な共同行動、あるいは職種的なストライキが実施されるようになっていけば、爆発的な影響力を獲得することができるだろう。

このように、同じ職種の労働者は共通する体験をもち、「ストライキでうちの職場も変えられるんじゃなかろうか?」という感覚が一致しうる。そこには多大な潜在力がある。

ケア労働とストライキ

次に、問題の共通化は、本来の労使交渉の枠を超えて、②社会的（消費者的）問題となる。それがもっとも端的なのは、ケア労働の領域だ。

すでに述べたように、この領域でのストライキや争議の発端の多くは、「ケアの質」を問題にしている。彼らの労働条件の問題は、同時に提供するサービスの質の低下に直結するからだ。いくつかの事例を紹介していこう。

保育士が一斉退職を検討していた埼玉県のある保育所では、国が規定する人員をギリギリ満たしていたが、保育士たちは規定どおりに運用しても子どもの安全は守れないと感じていた。その上、園外保育で必ず近隣の公園まで子どもたちを連れていかなければならないが、道が狭くいつも交通事故の危険に悩まされていたという。

あるいは、実際に一斉退職に至ってしまった宮城県の保育所では、ワンマン園長のパワーハラスメントがあった。そこでは、保育能力がなく、子どもを寝かしつけているときに居眠りする（非常に危険な行為！）など問題行動が目立つ保育士を、園長が「お気に入り」として取り立てていた。

その保育士の危険行動を指摘した別の保育士たちは、園長から些細《ささい》なことで何時間も叱責され、暴言を吐かれて精神的に追い詰められることが繰り返されるようになった。彼女たちは、子どもたちの安全を守りたい一心で労働組合に加入して交渉し、ストライキも通告したが、結局解決できず、一斉退職することとなってしまった。

保育の「質」の切り下げは、保育士の労働を過酷にするだけではなく、子どもをないがしろにする職場に嫌気がさして、メンタルに不調をきたしたり、ひいては「一斉退職」にもつながっている。

労働組合やNPOに寄せられた保育士の労働相談事例144件を調査した、労働社会学者の三家本里実《みかもとさとみ》氏の研究(20)によれば、人手不足やそれにともなう保育士の配置の問題は、子どもの虐待につながっており、虐待が発生している職場の保育士はほとんどが体調不良を訴えていたという。しかも、多くの相談者は、それらの訴えを直接園長や管轄自治体に申し立てているが、解決していない。

これらの状況から、三家本氏は「人手不足により配置基準を満たしていない→保育士に余裕がなくなる→子どもへの虐待が発生→それにたいする疑問・反発→改善を求める→園側が対応してくれない→（虐待などの問題を見ていられないために）辞める」というルートが存在すると結論づけている。

労働争議には至らなかったが、介護業界でも構図は同じだ。少なくとも四度の死亡事故を引きおこした「ワタミの介護」では、その後行政の調査によって人員が限界まで削減された労働環境が事故の原因のひとつだと指摘されている。(21) ケア労働においては、労働問題が消費者・利用者の被害となって現れるのだ。

謎の早朝儀式――私立学校教師たちのストライキ

同じケア産業である私立学校では、さらにストライキがいくつも引きおこされている。都内の私立高校、正則《せいそく》学園では、正教員たちは朝6時半ごろから夜21時ごろまで休憩もなく働き、1日の労働時間は約14時間半にもおよんでいたが、残業代は適切に支払われず、勤務時間の記録は改ざんされていた。結果、教師たちは過労のために、生徒たちに向き合うことが困難になっていた。

また、近年、同校の経営陣は非正規雇用の非常勤講師を増やしていた。非常勤講師は授業以外の授業準備・教材研究、試験作成・採点、講習などを行い、1日8時間・週40時間近く働いている。だが、1回の授業に対して約2000円が支払われるだけで授業以外には賃金が払われず、社会保険にも未加入。月の手取りは15万円程度で、契約も1年更新だった。[22]

さらに、同校では早朝の「挨拶儀式」が強要されていた。数十人の教職員全員が理事長室の前の廊下に一列に並び、一人ひとり理事長に挨拶をするという謎の儀式である。もしこの無給の早朝の儀式がなければ、授業準備・教材研究を行ったり、生徒に向き合ったり、自分の身体《からだ》を休めるなど、さまざまなことに時間を使えるだろう。

この「無益なサービス労働」の強要に対して、教師たちの我慢は限界を超えた。彼らは「私学教員ユニオン」に加入し、2019年1月、理事長への「早朝挨拶の儀式」をストライキしたのである。

このストライキも、教師たちのあるユニークな取り組みによって、SNSで大きな注目を集めることになった。

挨拶は強制ではなかったと主張する学校側に対し、私学教員ユニオン側は教員全体の意思を示すために、組合に加入していない教員も含めて署名を集め、26人（全教員36名）の連名で理事長へ提出したのだが、その内容が独特だった。

署名を作成する際、中心より放射状に署名することで誰が最初に署名したかがわからないようにし、個人への攻撃を回避しようとしたのである（57頁の第2章扉の写真）。度重なるパワーハラスメント・個人攻撃が繰り返されてきたための、苦肉の策だった。

こうした署名を傘連判状《からかされんぱんじょう》という。これは、古くは江戸時代に、農民が一揆《いっき》を起こす際に首謀者がバレないようにするために採られた方法である。21世紀の教員たちが、江戸時代の農民一揆の知恵から学んで、理事長という権力者に対峙《たいじ》しているというわけだ。

これが、SNSで爆発的な広がりを見せた。筆者がこの様子を写真とともにヤフーニュースに記事にしたところ、ヤフーのトップに掲載された。SNS上では「さすが先生たち」「歴史に学んで闘っている」など拡散が絶えず、「傘連判」はしばらくのあいだツイッターのトレンド上位に上がっていた。

ストライキの社会的な反響を受けて最終的には挨拶儀式は停止し、理事長も交代した。さらに、過去2年間の残業代の支払い、一方的にカットされていた昇級・賞与についても回復された。教師たちは理事長の顔色をうかがうよりも、生徒たちに向き合う時間を確保でき、精神的余裕をもてるようになった。

また、労働条件も相当回復した。非正規職員たちも無期雇用に転換されて社会保険に加入し、一部は正社員化された。

非正規教員ばかりの私立学校

その後も、非正規教員をめぐっては、多くの学校でたびたびストライキが行われている。[23]
非正規教員の問題は主にふたつだ。ひとつは、待遇が極めて低劣だということ。経営者の狙いは学校の経費削減（言い換えれば利益拡大）にあるが、現在、日本の私立学校の教師のうち、実に4割が非正規雇用教員なのである。
もうひとつの問題は、雇用が「細《こま》切《ぎ》れ」だということだ。労働契約法では、契約が更新されて通算5年を超える場合には、労働者の申し入れによって無期雇用に転換する義務が使用者に発生する。そのため、学校側は雇用責任を回避するために、あえて短期での解雇を繰り返そうとするケースが多い。

数年で解雇される教員たちは、その都度仕事を探さなければならない。加えて、それぞれの学校の特色に毎回適応していかなければならない。教育方針や、学力、部活動など学校ごとにカラーはまったく異なる。また、年度途中に解雇が告げられることで、部活動や生徒指導よりも転職活動を優先せざるをえないという。

ある非正規教員は、部活動の顧問を任されていたが、年度途中に解雇を告げられた。せっかく軌道に乗ってきた部活指導も転職活動のために止めざるをえなかった。彼が退職すれば、現1、2年生を残したまま、来年は廃部になってしまう。

さらに、非常勤講師のまま、担任、部活、校務分掌などの正規教員と同様の業務に加えて、寮の管理を任され、恒常的に月100時間以上の残業、最大で過労死ラインの2倍ほどの177時間の残業を強いられていた事例もある。

この学校の理事長兼校長は、「なんでお前に給料払ってる人間に忠誠尽くさねぇんだよ」「バカかお前、アホか、マヌケか」と発言し、労働基準監督署から学校に問い合わせがあった翌日にも、職員会議の場で「権利を主張してお金をもらおうとすると哀れな末路になる」「地獄行き。この世でも地獄を味わう」と述べている（すべて録音あり）。

そもそも、月給20万円程度の非正規教員たちに担任や部活の責任を押しつけること自体に無理があるが、その上、数年間での「使い捨て」が普通になってしまっている。これで教育の質が維持されるはずがないのだが、それすらわからない経営者も少なくない。

だからこそ、非正規教員たちは「怒り」をもっているのである。そして、こうした怒りは生徒・保護者にも共感され、社会に広がっている。

保護者・生徒が立ち上がる

サービス・ケアの利用者が、労働者と連帯する動きも広がっている。

東京都文京区の京華商業高校では、2019年1月の先生たちのストライキを筆者のヤフーニュースの記事で知ったと思われる同校の生徒たちが、署名活動に乗り出した。生徒たちは、雇い止めを通知されている非正規雇用の先生2人に来年度もいてほしいという思いを、理事長・校長宛の「署名」というかたちにして、組合員の教員へ提出したという。

この署名には、2人が2017年度と2018年度に担任を務めた学年の「86パーセント」、約9割もの生徒が署名している。署名は生徒たちが独力で作成したものだという。

おそらく、ネットなどでさまざまな署名のフォーマットを調べて作ったのだろうが、非常に整っている。

「有期雇用の先生に対する不当解雇の解消を求める請願」
京華学園理事長殿
京華商業高等学校校長殿
【請願趣旨】
有期専任の教職員に対し、専任への登用を前提として働いてもらってると有るにもかかわらず、一方的に雇い止めをした件
残業代未払いや過労死認定基準に極めて近い長時間労働を強いられ、専任化の期待を告げられていたため耐えて働いていたのにもかかわらず具体的な説明をせず、雇い止めをした件
その趣旨から以下のことを請願します。

【請願事項】
一．雇い止めをした教員に対して雇い止めを中止しこれまで通り働いてもらうこと
二．雇い止めをする場合は正当な理由を提示し了承を得ること

しかし、この署名を生徒から託された非正規教員2人が、団体交渉で学校側へ渡したところ、学校側は署名の受け取りそのものを拒否し、こう言ったという。

「まったく何も感じない。返す」「生徒が書いているかわからない」「なぜ生徒を巻き込んだ」「こんな難しい書面を生徒が作れるはずがない」「自主的に作ったと見えない」「この場に出すのは失礼」「署名に対する評価はゼロ」「雇い止めの結論は変わらない」「署名を集めた生徒へは学校の判断だからとだけ伝えたらいい」

ユニオンによれば、今回の署名は、組合員の教員が生徒たちに頼んで署名を集めさせたのではないという。生徒を巻き込むことはできない、生徒だけは守る、これが組合員の教

員たちの共通認識だった。

自分たちが働き続けたいのも、非正規雇用の教師が次々に入れ替えられる職場環境では、生徒たちへの指導が保障されないからだ。このような思いは、「社会正義」として、SNSでの発信を通じて世論の支持を受けると同時に、生徒・保護者にも連帯を広げている。

サービスを提供する労働者の労働環境が悪ければ、結局は利用者へのサービスに影響する。だからこそ、労働問題は「消費者にとっての問題」へと連続していく。

こうした事態はその他のサービス業も含め、ますます社会全体に拡大していくのではないだろうか(24)。

規制緩和がサービスを壊す

ケア労働の「質」を含めた労使の対立は、近年急速に加速している。私立学校では経営陣の利益追求のために非正規雇用が導入されていることが大きな要因だが、保育や介護では、事業の民営化・規制緩和が進められてきたからである。

保育産業において、民営化・規制緩和がサービスの「質」をむしばむ構図は次のとおりだ。

私立の認可保育所には、毎月、運営費（補助金）として、市区町村から「委託費」が支払われている。委託費は「公定価格」に基づいて決まる。つまり、子ども1人あたりの単価（人件費、事業費、管理費の合計）が年齢別に決まっており、その積み上げによって保育所に支払われる委託費が算出される。厚生労働省や内閣府の想定では、委託費の7〜8割が人件費にあたる。(25)

ところが、実際の人件費の支出はこれよりはるかに低く抑えられている。経済ジャーナリストの小林美希氏による情報公開請求の結果をみると、社会福祉法人では55・4パーセント、株式会社では42・4パーセントに過ぎなかった。同比率がもっとも低い施設では20パーセント前後のところもみられた。

このようなことが起きるのは、「委託費の弾力運用」が認められており、自治体が保育所に支払う人件費の一部を、事業費や管理費に流用することが可能になっているためである。

かつてはこのようなことが起きない仕組みが整えられていた。委託費には使途制限があり、人件費として支払われた委託費は人件費に充てなければならないことになっていたのだ。

しかし、規制緩和によって2000年に営利企業の参入が可能となり、これと同時に、委託費の弾力運用が認められ、流用が可能となった。この際、同一法人が運営するほかの保育所への資金流用や次年度以降への積立も可能となった。さらに2004年にはさらなる規制緩和により、同一法人が運営する介護施設などの保育所以外の福祉施設にも資金を繰り入れられるようになった。

人件費を抑えて流用された資金の多くは、新規施設の整備費に充てられ、当該法人の事業拡大に費やされているといわれる。そして、この仕組みを活用した営利目的の新規参入企業が、人材の確保や育成もままならないのに事業を急拡大し、事故を引きおこす事例が相次いでいるのだ。

利益を重視し人件費の削減を図れば、当然「保育の質」も低下する。経験不足の保育士が増え、余裕がないなかで新人の教育もままならず、子どもの意思を無視し、流れ作業のように「管理」するだけになっている場合も少なくない(26)。

市場化・財政削減政策による公共サービス部門の崩壊

公立学校の教育現場でも、2000年代に入ってから、正規雇用教員が減少し非正規教員へと振りかえられてきた。文科省の調査によれば、公立小中学校における非正規教員の割合は2005年に8・4万人（12・3パーセント）だったが、2012年には11・3万人（16・1パーセント）へと増加している。

規制緩和が進むなかで制度の弾力化が図られ、非正規教員の活用が可能となったため、財政状況が悪い地方自治体は、次第に正規教員の代わりに非正規教員を任用して人件費を抑制していったのだ。

ひとりの教員に求められる業務が増加するなかで、正規・非正規を問わず、長時間労働などの過酷な労働実態が問題化し、メディアでも繰り返し報じられている。文科省の2016年度の調査では、中学校教員の約6割、小学校教員の約3割の残業時間が、おおむね月80時間超が目安の「過労死ライン」を超えていた。

また、非正規教員は、重い責任を担う一方で、給与などの労働条件には正規とのあいだで大きな格差がある。過酷な労働環境や低処遇が「教育の質」の低下につながっているとの指摘も数多くなされている[27]。

規制緩和によるサービスの質の低下が問題となっているのは介護も同様だ。以前は「措置制度」と呼ばれる仕組みのもと、自治体の権限と責任で介護サービスが提供されていた。しかし、2000年に介護保険制度が導入され、自治体にはサービス提供の責任がなくなり、民間業者が参入できるようになった。

これにより、サービスの質を守るために存在したさまざまな規制が緩和され、市場の論理が導入されることとなった。利益を優先することで劣悪なサービスを提供する業者や安全性を無視した業者も参入し、サービスの質の低下が問題となっている。非正規雇用を活用し人件費を削減する業者も多く、介護労働者の労働条件も悪化している。

2018年に社会の注目を集めた練馬区の図書館ストライキでも、発端は指定管理制度の拡大であり、問題にしたのは非正規職員の司書たちだった。同事件でも、住民らが署名を集めるなど、公務削減のなかで、公共サービスの「質」を問う新しい連帯と、社会・利用者の共感が生まれている[28]。

ユニオンが表現する階層性

最後に、職業や産業と結びついてきたストライキは、彼らが日本の分断された「③階層性」を表現しているために、社会から支持されていることを指摘したい。背景には、正社員、非正社員に共通する労務管理の共通性がある。

もっともわかりやすいのが、自販機ベンダーの大蔵屋商事で活用されていた固定残業代である。これは「ブラック企業」に共通する労務管理手法だ。すでに触れたように、固定残業代は基本給に残業代を組み込んで「月給」と表示する制度だ。例えば、月給25万円と書かれていても、そのうち5万円分は残業代といった具合である。

もちろん固定残業代を導入しても、本来は固定残業代に相当する残業時間を超過した分については残業代の支払いの義務がある。だが、固定残業代に相当する時間を長くすれば、過労死ラインを超える長時間労働を強いても残業代を払う必要がない。このようなケースが多々ある。

実際、過労死を引きおこした日本海庄やでは80時間、大蔵屋商事では96時間という長時間の固定残業代が設定されていた。その上、大蔵屋では超過分の残業代も一切支払っていなかった。

固定残業代の問題例は枚挙にいとまがない。例えば、NPO法人POSSEに相談があったコンビニフランチャイズの「店長候補」として新卒で採用された事例だ。会社の求人票では月額20・8万円、1日8時間のシフト制で年間休日は100日となっていた。しかし入社時の契約書では、「基本給15万円に業務手当（固定残業代）3万円、手取り17・8万円」。休日も実際には取れず、精神疾患になるまで長時間労働が続いた。

また、大手の大型ディスカウントストアの事例でも、初任給は月給23万円とあったにもかかわらず、入社後に、実は基本給が15万円で、固定残業代が40時間分で8万円含まれていることが知らされた。このケースでも業務中に倒れたうえ、精神疾患と診断されて離職に至っている。

あるいは、ある全国規模のエステ会社では、残業代については能率手当として定額の3万5000円程度が支給されていた。また、商品販売が一定のノルマに達しない場合には業績給が支給されず、賞与も減額されるなど、厳しい業績管理がなされている。休憩の時間も取れないために、12時間にわたって食事をとることもできなかったとの証言もあった。

ケア労働の現場でも状況は同じだ。ある保育園では、総支給額18万円とされていた一方で、そのうち基本給は13万円。資格手当2万円、業務手当3万円（27時間分の残業代）とされていた。その上、製作物などの持ち帰り残業が常態化していた。

さらに、全国展開するある大手介護事業所では、基本給22万3400円に、やはり、「業務手当」として4万3600円の残業代が加算されていた。実際には月に100時間以上の長時間労働が要求され、深夜割増未払い、残業代の一部未払いが問題になっていた。

「日本型」から、職務時間給へ

このような労務管理の実態からは、一部の企業では正社員の労務管理が従来の「能力給」から、「職務」と「時間」を単位として計算されるものに変わっていることがわかる。これは従来型の「能力給」から「職務時間給」への転換である。

これまで日本の正社員に適用される「日本型雇用」では、多数の職務を経験することで能力を高め、会社への貢献度に応じて賃金を引き上げていくという「職能給」のシステムがとられていた。

実際、今でも大手企業に正社員で入社をすると、どの職務に配属されるのかは人事部次第だ。経験を積み重ねながらそれに応じて賃金は上昇し続けていく。つまり、「仕事」＝「職務」に対する賃金ではなく、総合的な会社への貢献度が評価の基準になる。

その特徴は、「職務」に基づく賃金ではないために、仕事の業績だけが賃金決定の基準にならないということだ。サービス残業をいとわずにやっているのか、上司への服従は十分か。このように会社に対する「態度」が評価される。家事責任を負っていない男性だというだけで、女性よりも潜在評価は高くなりやすい。このような評価と対になっていたのが、「潜在能力」と会社への多様な貢献に応じて上昇する年功賃金だった。

一方で、固定残業代が活用されている職場は、ＩＴ・外食・介護・保育など「職務」が明確な業界が多く、職務はずっと固定されている。つまり、旧来の日本型雇用のように多数の職務を経験し、「能力」を評価して賃金を上げていくことが少ない。

これらの業種では、すでに述べたように仕事のマニュアル化が進んでいるために、比較的短時間で育成できる労働者を、できるだけ長く、安く働かせようとする。そのための

図1　固定残業代が適用された労働者の時給単価の分布

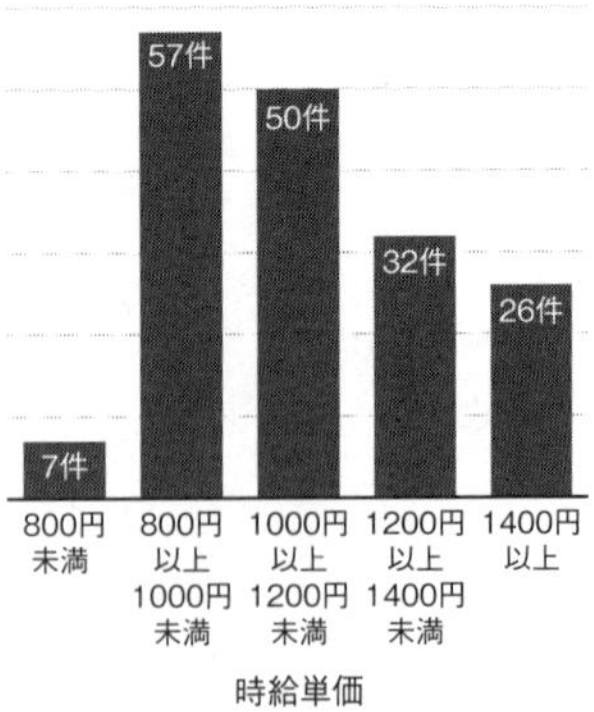

1 固定残業代を含まない基本給が分かる場合には、「基本給／月の法定労働時間」により算出した。なお、月の法定労働時間は173.8時間とした。

2 基本給の額が不明な場合は、割増賃金を加味した上で、「固定された残業代（残業手当等）／固定残業代に相当する労働時間」により算出した。

3 固定残業代を含む基本給しか分からない場合には、割増賃金を加味した上で、「基本給（固定残業代を含む）／月の法定労働時間＋固定残業代に相当する労働時間」により算出した。月の法定労働時間は173.8時間とした。

NPO法人POSSEの相談資料より、著者作成

「固定残業代」なのであり、その背後には時給単価で賃金をシビアに決定する「職務時間給」としての本質がある。そして、しばしばその水準は最低賃金の水準に張り付くことになる。

ＮＰＯ法人ＰＯＳＳＥに２０１６年１月から２０１９年９月までに寄せられた固定残業代にかかわる労働相談のうち、時給単価と、月給の固定部分の金額が把握できたケース１７２件を調べて時給を割り出してみると、上図のとおりであり、最低賃金の水準を割り込んでいるものが複数あった。その上、最低賃金ギリギリの時給１０００円前後に集中しているのである。

抜け出すことができないブラック企業

職務時間給・固定残業代に不満があるのなら、日本型の「本当の正社員」に転職すればいい。そう思う読者もおられるかもしれない。しかし、ブラック企業ばかりの労働市場からは、簡単に抜け出すことができない仕組みが作られている。

すでに見たように、求人票を見ても本当の待遇がわからない求人が非常に多いからだ。固定残業制では、求人票の「月給」を多く見せ、求職者の誤解を誘う効果がある。長時間の残業代を含んだ賃金総額を提示することで、まるで条件のよい求人のように「偽装」している。

また、入社後に一方的に契約内容を変えられることもある。IT企業に勤める30代女性のシステムエンジニアのケースでは、勤務中に「サインして」と言われるがままに署名していたが、契約書を熟読する時間をあたえられず、また契約書の写しもあたえられていなかった。月給は30万円ほどだったが、固定残業代として100時間分が含まれていた。固定残業代があることをふまえて時給を再計算した結果、東京の最低賃金とほぼ同額となった。

このように、入社した後に別の内容の契約書に強引にサインさせるというのは、ブラック企業の常套《じょうとう》手段である。

正規・非正規の共通性と、経験の「堆積」

こうした正社員たちの労働は、実は非正社員と類似している。非正社員も最低賃金に近い職務時間給が適用されているからだ。サービス業で働く正社員たちの多くは、固定残業分などで、長く働いた分だけ月給が高くなるだけで、実は仕事内容も評価方式も、非正規雇用に似てきているわけだ。

実際に、飲食店や小売店では正社員を極限まで削減し、非正社員に長時間勤務を命じるケースが多く、「非正規雇用の基幹化」と呼ばれている。学生のアルバイトに依存する店舗では、学生が店舗運営の責任を負わされ、授業やテストに出られない、就職活動ができないといった「ブラックバイト」が問題化している。[29] 同じように、職務時間給で雇われる契約社員や派遣社員と正社員とは、月給の固定部分にしか違いがないような賃金体系となっている。

差別される非正規雇用労働者と、実は類似しているのが、このような「ブラック企業の正社員」なのである。共通点は、どちらも従来型正社員のような能力評価に基づく終身雇用・年功賃金ではなく、「職務時間給」の性質をもっていることだ。

そしてキャリアのうえでも、非正規とブラック企業を相互に行ったり来たりするようなケースが、非常に増えている。

非正規雇用に陥ってしまう要因は、それしか就職先がなかったという場合もあるが、それだけではない。より深刻なのは、一見すると優良そうに見える大手のブラック企業に正社員として入社してしまって、心身を毀損するまで使い潰されてしまい、非正規に流れ着く場合だ。

つまり、騙《だま》されて入社し、うつ病になるまで働かされて辞めて、また騙される……ということが続く。その過程で、とりあえず非正規で働くという選択をする場合もある。逆に非正規雇用から「チャンスだ」と思ってブラック企業に誘い込まれるケースもある。だが、結局は過酷労働で転職を余儀なくされる。

こうして「ブラック企業→非正規」「非正規→ブラック」、あるいは「ブラック→非正規→ブラック……」はたまた「非正規→ブラック→非正規……」といったルートをたどる労働者が堆積し続けている。

ここで「堆積」と書いたのには特に重要な意味がある。これまでなら「転職でなんとかする」「自己責任で頑張ろう」と思っていた労働者たちが、どうにもならないということを経験から学び、もはやストライキに訴えて職場を改善するしかない、と思うに至っているからだ。[30]

第1章のジャパンビバレッジの事例でも、労働者が似たようなひどい仕事の転職を繰り返し、ストを決意したことは紹介した。同じように、ストライキを起こした保育士たちの事例でも、他職種も含め多くの転職を繰り返していたことが目につく。

世代やジェンダーを超える「階層連帯」

こうした「階層性」の自覚は、2000年代の日本社会の強いモードだった「世代間対立」や日本社会の根深い女性差別の構図をも変えつつある。

2000年代の就職氷河期以後、就職できない「若い非正規」と、バブル時代を経験し終身雇用・年功賃金が保障される「恵まれた中高年」という対立構図が繰り返し描かれて

きた。現在でも、年金などの社会保障でも中高年が優遇されていると問題視され、「全世代型社会保障」が叫ばれている。(31)

また、女性の貧困問題は「女性問題」として労働問題から切り離される傾向がある。端的なのは、「主婦パート」の差別問題である。これは、実際は日本社会の非正規雇用差別の問題が背景にあるのだが、「主婦の女性が男性と同じだけ賃金をもらうべきなのか」というように問題が歪曲《わいきょく》され、男女の連帯を切り離すような論理にすりかえられてしまった。

シングルマザーの問題も、非正規雇用が差別され、社会保障が脆弱《ぜいじゃく》だから貧困になるにもかかわらず、これも「貧困女性」という、女性の特殊な問題であるかのように扱われてしまっている。どちらも非正規雇用差別が、女性差別によって覆い隠されてきた構図である。(32)

しかし、階層性があらわになることで、ついにこれらの枠組みが崩れはじめている。中高年フリーターやブラック企業の労働問題と同じように、「主婦パート」や無年金高齢者のストライキが重要性を増し、支持されているからだ。もはや、ストライキは「貧しい若者の男性」だけの闘争ではない。

例えば、2013年3月と5月には、東京メトロ駅構内の売店「METRO'S」で契約社員の販売員として働く中高年の女性パート労働者たちが、定年制の廃止や同じ業務に従事する正社員との「同一労働同一賃金」を求めてストライキを行った。同社の契約社員は、時給1000円程度で月の手取りがわずか13万円。衣服が購入できない、アパートの更新料が支払えないなどの貧困状態にあえいでいた(33)。

また、2019年夏にストライキをした佐野SAの組合員たちは、20代・30代は2割程度で、40代・50代が5割、60歳以上が3割程度である。男女比もちょうど半々くらいだ。そのうち社員は12～13人ほどで、月の給与は額面で20万円程度だった。社員以外は時給制のパート・アルバイトで、多くは「フルタイムパート」である(34)。

リーダーであった加藤氏によれば、60代の労働者はほかに転職先がなく、年金だけで生活するのは厳しいため、この仕事を続けているのだろうという。一方で、短時間のパートタイムは主婦パートが多いものの、昨今の教育費の高騰や男性社員の賃金の低下を考えれば、やはり佐野SAの仕事が生活に欠かせない。だから、彼らにはストライキで職場の環境を守る必要があった。そしてその思いは、性別も、世代も、雇用形態をも超えている。[35]

日本型社会統合とストライキの衰退→階層化へ

日本では、かねてから大企業の正社員と中小企業の正社員の賃金格差が「二重構造」として問題になってきた。だが、「一億総中流意識」と呼ばれるように、ある程度の格差はあっても、企業ごとに職能給に基づいた終身雇用・年功賃金が一定程度は適用されてきた。つまり、「頑張っていればなんとかなる」という強い共通認識があったのだ。

近年のストライキの背景には、こうした「一億総中流意識」の崩壊がある。[36] 2019年には、「上級国民」という言葉が流行《はや》っている。もちろん、この言葉は単なるネットスラングで、確かな社会科学的な根拠に基づくものではない。だが、私が特に注目したいのは、この言葉が今の日本の多くの人々にとって「リアリティー」となって、広がっているという事実である。[37]

第4章でも改めて論じるが、ブラック企業の正社員と非正社員のあいだでひとつの「階層意識」が形成され、階層全体での連帯が形成される兆しが現れている。それが、今日のストライキが社会全体に支持される重要な要素なのである。

以上のように、近年のストライキでは、従来の「企業」の枠を超えた職業的な連帯が形成されつつあり、同時に彼らの労働問題は、規制緩和で広がったケア労働を中心として、社会全体の問題となり、労働問題が消費者やその他多くの社会の成員にとって「無関係ではない問題」として理解されている。

そして、彼らが主張する社会正義は、一部の特権者や大企業の正社員が唱える社会正義とは異なって、多くの日本の労働者に共通する非正規雇用やブラック企業での経験に裏付けられることで、世代を超え、正規・非正規をも超えて、支持層を広げているのである。

註

1　ただし、個別企業の解雇でも象徴的な事例で許されていくと社会全体に「解雇が許されやすい」状況が生まれる。その意味では多くの労働者にとって無関係ではない。

2　例えば、アメリカでは企業別交渉が基本であるが、労働組合は産業別に組織されている。労働組合はリーディングカンパニーで有利な協約を取り付け、これを元に他社に同水準の協約を迫る戦略をとっており、これは「パターン・バーゲニング」と呼ばれる。また、欧州では産業別組織と職業別組織のあいだで利害関係の対立が激しいが、本書では話を簡便にするために両者の違いには深く立ち入らない。

3　ただし、日本では「労働者」ではなく「会社員」にアイデンティファイされた。これについては、第4章で再度確認する。

4　その後、会社側の妥協でいったんはストライキを終結したものの、交渉が決裂し、再度ストライキに突入した。本書執筆中の2020年2月現在、ストライキは行われていないが、なお労使は交渉中である。

5　「文春オンライン」2019年8月28日配信。ストがSNSで拡散された後に取材が殺到し、これらの告発記事が広範に配信された。

6　詳細は「違法企業に対して求められる社会的な取り組み—すき家の実態から見える今後の課題」(『POSSE』25号、2014年12月)。ただし、同社では実際にストライキが行われることはなかった。ストの呼びかけは一種の「スト通告」の役割を果たし、会社には労働条件改善の圧力がかかる形となった。

7　詳細は「『経営者の労働運動』から業界の改革へ—コンビニ加盟店ユニオンの展望」『POSSE』42号、2019年7月

8　これらのほかにも例えば、2018年12月、練馬区立図書館の非正規雇用の司書たちのストライキもSNSで話題となった。12月14日に区へストライキを通告すると、15日午前、練馬区議会議員の池尻成二氏が、図書館司書のシルエットをあしらったチラシの画像を添えてストを支持するツイートを投稿。これが約5000リツイートされたのを皮切りに、この画像を添付してストを応援するツイートが数千リツイートされ、ツイッターでの反響をまとめたサイトは10万プレビューを超えた。こうした反響を後追いして17日にNHKがニュースにするなど、マスコミも取り上げる事態となった。

9　ただし、産業革命が直接労働組合の衰退をもたらしたわけではない。機械化された新しい生産過程に対応する、機械工などの新しい技能が要請されたからである。その

ため19世紀半ばはむしろ、労働組合が隆盛した。ストライキが進化を遂げる19世紀末は、機械を扱う熟練労働と不熟練化された労働が併存する過渡的な時代であり、全面的に変化するのは大量生産方式が確立した20世紀初頭である。

10　もちろん、正社員男性たちの雇用保障が重要でないということではない。彼らだけを特別扱いし、非正規、女性、下請け労働者を無視した「権利主張」に対し、今の世論が共感していないということだ。

11　職業的な問題は、特定の業種の内部で発生する。例えば「ドライバー」という職種はさまざまな業種に存在するが、宅配業や自販機ベンダーのようなそれぞれの「業種」の特性が、ドライバーの労働環境を悪化させている。宅配業はネット通販の急激な拡大、自販機ベンダーは自動販売機の乱立に問題の構図がある。このように、ここでいう「職業的」労働問題とは、正確には「業種的・職種的」労働問題の意味であるが、わかりやすくするため「職業的」と記述する。

12　ただし、1970年代に企業主義社会（第4章）が確立する以前の戦後初期の労働運動では、労働災害が大きな課題のひとつだった。その他にも、さまざまな業界で労働の質を問題にする争議があった。なぜ、当時はそれらの運動が力をもたず、今日は力をもつのかについては、第4章で論じる。

13　詳細は「自販機産業ユニオンの挑戦―順法闘争とストライキで業界改善へ」、前掲『POSSE』42号

14　その後、組合は部分的な改善を勝ち取り始め、組合員に関しては、1年前に月約100時間に上っていた残業が、ほぼゼロにまでなっているという。

15　なお、日本のユニオン運動にはアメリカのような地域の連帯が欠けているという指摘もある。

16　詳細は「ブラック企業『アリさんマークの引越社』の実態とユニオンによる改善の取り組み」『POSSE』29号、2015年12月

17　詳細は「ルポ　ヤマト運輸は『働き方改革』の夢を見るか?―経営『戦略』が葬り去った労働問題の実態」『POSSE』35号、2017年6月

18　再生産労働（家事や育児のための労働）が「生産性が低い」とみなされてきたことは、著しく不当である。実際に保育や教育抜きに社会は再生産されないのであり、そのために必要な労働を非生産的とするのは、論理的に誤っている。この点も第4章で再考する。

19　ただし、当初からサービス業では女性の非正規が多く、彼女らの賃金が異常に低いため、生産性の上昇しにくいサービス業でも男性の年功賃金が維持されてきたという側面は重要である。この構図は現在も続く。

20　三家本里実「保育現場における虐待と保育士の離職保育のあり方や質を求めて」『季刊　福祉労働』１６４号、２０１９年９月

21　この事故を調査した東京都福祉保健局は「人員不足が事故の原因のひとつ」だとしている。

22　「学校×ストライキ　教育現場を取り戻すための闘い」、前掲『ＰＯＳＳＥ』42号

23　非正規教員の争議事例は枚挙にいとまがない。神奈川県横浜市の学校法人橘学苑での非正規教員の大量雇い止めでは、学校関係者によれば、ここ6年で１２０人近い教員が退職したという。また、墨田区の「安田学園中学校・高等学校」では、1年契約が更新され続け、5年目の勤務が終わるその日、つまり「無期転換ルール」適用のギリギリ前日に解雇するという露骨な「脱法行為」が行われている。しかもその通知の際には、「無期転換ルールを適用したくないから」とあからさまに告げられていた。このほか、「私学教員ユニオン」の取り組みの詳細は、前掲「学校×ストライキ―教育現場を取り戻すための闘い」『ＰＯＳＳＥ』42号を参照されたい。

24　このような例は日々増えている。註23の神奈川県の橘学苑でも、生徒や保護者が教師たちを支持し、集会を行っている。保護者会では、学校側の説明に反発した保護者から「逃げるな！」と怒号が飛ぶなど、大荒れとなったという。県も同校の労働環境について調査を行うことになった。筆者が関係者に聞き取ったところでは、教師と保護者たちのあいだには以前から信頼関係があり、教師たちの労働環境を守ることに理解があった。また、説明会には生徒も出席し、先生たちを支援している。

25　以下、小林美希『ルポ保育格差』（岩波新書、２０１８年）、小林美希『ルポ保育崩壊』（岩波新書、２０１５年）を参照。

26　例えば、泣き止まない子どもを小部屋に閉じ込める、着替えや片付けができない子どもを泣くまで叱責する、思っていることと違うことを子どもが始めると怒鳴りつけてやめさせるといった「心理的虐待」が増えている。人員の不足などから、狭いスペースに子どもたちを閉じ込めたり、一日中ＤＶＤを見せ続けたりするようなケースもある。利益を重視する企業では、人件費が高くつく経験豊富なベテラン保育士は採用されにくく、園長もおかざりですえられており、「責任がとれない」という悲鳴も聞こえる。その上、規制緩和の結果、無資格者の割合が急増し、専門性がますます失われている。註25の小林氏のルポでは、株式会社が運営する保育園で、限られた人員で保育士の配置基準を守るために、保育士がグループ内のあちこちの園に〝研修〟という名目でヘルプに行かされていた例が紹介されている。この園で働いてい

た保育士は、「人件費が削られ分刻みで働かされては、ケガをさせないように見ているのが精いっぱい」と述べている。

27　教員の労働問題については『POSSE』40号（2018年11月）所収の特集「教員労働問題と教育崩壊」も参照されたい。

28　司書たちがこだわっていたのはカウンター業務を司書自身で行うことだった。現在は直営の本館での図書館業務に従事することで、利用者との接点を保ち、区民に求められる必要な本を把握し、管理することができる。ところが、問題の発端となった直営館の移管が実現すれば、本職の司書たちは利用者との接点が閉ざされ、顧客の情報は民営事業者だけが独占することになる。もし事業者が入札で変わるようなことになれば、必要な情報やノウハウが職員には引き継がれず、外部企業に持ち出されてしまい、残された司書たちがサービスの質を保障することも難しくなる。練馬区は図書館に関心のある人が多いということもあり、こうした司書たちの訴えは利用者たちの共感を呼んだ。図書館運動関係者や理解のある議員の協力を得て、練馬区立図書館専門員労働組合は1万5000筆もの署名を集めることができたという。図書館員の「職業」としての苦境は全国共通しており、今回のストを経て、組合員たちはいろいろな集会に呼ばれて話をするようになったという。詳細は「練馬区立図書館・非常勤司書のストライキ闘争に迫る」、前掲『POSSE』42号

29　詳しくは拙著『ブラックバイト―学生が危ない』（岩波新書、2016年）を参照してほしい。

30　エドワード・P・トムソンが名著『イングランド労働者階級の形成』（青弓社、2003年）で示したように、「階級社会」とされるイギリスにおいても、「階級意識」は労働者の歴史的経験によって形成された。すなわち、客観的な概念としての「階級」（賃労働者の階層）はあらゆる資本主義社会に存在するが、それがそれぞれの社会においてどのように「意識」され社会の勢力となるのかは、まったくの主体的・歴史的な経験の結果なのである。

31　ただし、中身を見ると医療費の自己負担増などにより高齢者の福祉を削るという部分が突出しており、全体として福祉を削減する方向で議論が進められている。

32　女性差別は日本における非正規雇用差別を形成・助長する文脈で利用され、増幅されてきた。戦後直後には、男性も女性も差別される「臨時工」という問題が存在した。臨時工は社会的非難にさらされて解消されていったが、代わって「主婦パート」が新しい差別雇用のターゲットとなった。「女性であれば男性に養われているのだ

から差別してもよい」という論理で主婦パートの差別は広範に許容されてきたのである。同時に、家事・子育て責任が押しつけられた女性は賃金差別が当たり前に行われ、そもそも正社員として採用されない。これは、男性がすべての家事・育児の時間を放棄して「死ぬほど」会社に身を捧げなければならない構図の裏返しである。そして、日本に定着した非正規雇用差別が拡大するかたちで、男性にまで差別がどんどん広がってきた（逆に、過労死するような労働条件は女性労働者に拡大し、女性の過労死が増えている）。今日でも女性はあらゆる面で男性よりも不利な状況に置かれているため、差別や貧困の問題を「女性の問題」として理解しなければならないことは確かだが、その見方が男女共通の労働問題から切り離され、「女性の救済」のように問題を立てることで、かえって男性と女性が連帯しづらい状況にも置かれる。第4章でも論じるが、欧米では女性労働の差別の対策にはふたつの戦略を採ってきた。ひとつは「間接差別の法理」であり、もうひとつは「同一価値労働同一賃金」を求める戦略である。前者は、あたかも中立である制度が、実際には女性差別に根ざしていることを問題にする方法で、後者はそもそも男女に共通の基準を適用することで差別を克服する戦略である。どちらも重要であるが、今日の日本では、より後者の戦略が必要であると考えられる。また、似たような構図は生活保護バッシングにも当てはまる。低賃金と就労困難、社会保障の脆弱さが貧困者を生み出しているのに、「貧困者」そのものがカテゴライズされ、彼らが救済されるべきかどうか、という議論が形成されることで、問題が普遍的な方向から個別・特殊的な「救済」の方向に変わってしまっている。この点については拙著『生活保護─知られざる恐怖の現場』（ちくま新書、2013年）、『未来の再建──暮らし・仕事・社会保障のグランドデザイン』（ちくま新書、2018年、共著）、『闘わなければ社会は壊れる―〈対決と創造〉の労働・福祉運動論』（岩波書店、2019年、共編）を参照してほしい。

33　同社の賃金体系には著しい格差が存在した。彼らを組織する東京東部労組のブログによると、勤続年数などで同水準の正社員と、契約社員である組合員の3年間分の賃金を比較すると、正社員が1434万円であるのに対し、契約社員は685万円であった。会社側は、正社員は転勤の可能性がある（つまり職能給である）ため、職務が限定された非正社員との格差は合理的だと主張している。

34　ここで示した数値は加藤氏から聞き取ったおおよそのものである。

35　同じように、練馬区の図書館ストライキでも、私がインタビューした5人の組合員のうち、3人は20～30代、2人は男女雇用機会均等法世代の50代だった。若い組合員のひとりは、大学を卒業して3年間は学童保育の指導員をしていたが、体調を崩して退職。図書館のアルバイトを始めたものの、給与は月10万円前後で、時給は最低賃金だった。一方で、ベテランの司書たちは、新卒の総合職入社と結婚退職を経験し、再び働こうとしたときに非正規雇用労働者となった。夫は正社員だという組合員も、年金も当てにならないからと、トリプルワークをして老後に備えている。

36　実際には１９９０年代の終わりから日本型社会統合はすでに崩壊してきている。２００９年の政権交代はそうした社会変化の現れであった。だが、現実の社会構造（階級・階層構造）と、人々の「意識」のあいだには乖離があり、特に日本では社会構造の変化に意識が追いつかない状況が続いていた。その一番の現れが「ブラック企業」だろう。ブラック企業では本書で見てきたように、労働者を使い潰すことで利益を上げている。それにもかかわらず「正社員として頑張れば報われる」と積極的にブラック企業に使い潰されにいくような社会意識が蔓延し続けていた。親は「石の上にも三年」と辞めたい若者を諭し、大学のキャリアセンターはその内実などお構いなしに「大手企業の正社員になれ」と指導してきた。

37　なお、これを裏付けるように、２０１８年には橋本健二氏の『新・日本の階級社会』（講談社現代新書）がベストセラーにもなっている。

第3章

今、世界のストライキは

2019年1月に米ロサンゼルスで行われた、教師による大規模ストライキ　写真：ZUMA Press／アフロ

ストライキは起こりづらくなっている。しかし、それを乗り越える「新しいストライキ」が起き始めている。第2章では、その特徴を3点から見ていった。では、海外ではどうだろうか。

2018年のアメリカは「ストライキの年」と呼んでも過言ではないほど、全米であらゆる業種の労働者によるストライキが行われた。アメリカ労働省の統計によれば、2018年は全米で48万5200人がストライキに参加しており、これは53万3000人が参加した1986年以降では最多である。(1)「新しいストライキ」が起き始めているといっても、日本とは比較にならない規模だ。

2019年にも、ゼネラルモーターズ（GM）で4万8000人が12年ぶりのストライキに突入したことで大きな話題を集めた。さらに、ニューヨーク州、カリフォルニア州といった全米の大都市で、最低時給15ドルが実現した背景にもストライキがある。

また、韓国では、2017年に公営放送2社でストライキが行われた。ストライキはそれぞれ2カ月半、5カ月にわたり行われ、その間は再放送ばかりになった。

日本で見られた「新しいストライキ」と同様の傾向は海外でも見られ、むしろ、日本よりもはるかに進んだかたちで現れている。世界中のあらゆる場面でストライキが展開されている光景からは、今日でも労働者にとって「ストライキ」が極めて重要な交渉手段であることをまざまざと見せつけられる。

さらに、世界では「政治スト」が激しさを増している。政治ストは日本にいるとほとんど見る機会がないのだが、海外ではとても頻繁に行われ、社会に多大な影響をあたえている。第3章ではこれらを概観する。[2]

世界のストライキの三つの傾向

海外のストライキにも、日本の「新しいストライキ」と類似の傾向を読み取ることができる。第2章では日本の新しいストライキを①職業的、②社会的（消費者的）、③階層的という三つから特徴づけた。世界で起きていることも、A「産別化」、B「社会的（社会化）」、C「下層化」、という三つの変化として考えることができる。

三つの特徴の概要を先に説明しよう。

Ａ「産別化」は台湾や韓国で起きている変化だ。これらの国では、日本と同じ「企業別組合」が支配的だったが、企業を超えた産業別のストライキが行われ始めている(3)（日本の「職業的」と、台湾・韓国の「産別的」の違いは、追って説明する）。

次に、Ｂの「社会的」は欧米が中心の話となる。海外では日本よりもさらに激しく、また広範囲に「社会的正義」を追及している。ストライキの改善要求は政策にまでおよび、交渉内容は**地球環境問題**にまで広がっている。

最後にＣ「下層化」は、日本の「階層的」と類似している。世界的に見ても、戦後社会の組織された労働者たちは、社会の「中間層」を形成してきたが、移民労働者をはじめとするその「外側」にいる労働者たちが激しいストライキを起こしているのだ。

職業別・産業別労働組合を目指す台湾

まず、Ａ「産別化」から詳しく説明しよう。台湾や韓国では、戦後長いあいだ独裁政権が続き、労働組合を自由に結成する権利が法律で制限されてきた。１９８７年まで戒厳令が施行されていた台湾では、戦後、国家主導で労働組合が作られていった。

政府は「産業労働組合」と「職業労働組合」の二種類を認めていた。しかし、ここで言う「産業労働組合」は、名前こそ「産業」とついているものの、一企業内で完結することが定められており、実質的には企業別労働組合と同義だった。

さらに産業労働組合結成の条件として、最低30人以上の同一事業所もしくは企業の労働者が加盟していることが定められていた。つまり、従業員数30人未満の企業では、労働組合を結成することは法的に不可能だったのだ。

もうひとつの「職業労働組合」には、本来の労働組合とは程遠い役割しかなかった。職業労働組合が行うことは、従業員数10人以下の企業で働く労働者が労働保険に加入するための事務手続きを請け負うという、単なる事務代行でしかなかったのだ。

そもそも労働組合は市民社会で自由に作るものだから、職業別・産別労組を作ることは自由なはずだ。これらの国では、企業を超えた労働者の連帯が「労働力のコントロール」としての絶大な力を生むことから、独裁政権が「法律の保護」を企業別組織に限定させ、産別組織が形成されないようにしていたわけである。(4)

そんななかで台湾では、市民団体や労働団体などの要求もあり、２０１０年に労働組合法が改正され新しい形態の労働組合が合法とされた。これまでの企業別だった「産業労働組合」は、名実ともに「企業労働組合」と改称された。そして、新たに企業の枠を超えて、職種別や産業別に組織する、「産業労働組合」という労働組合が法的に認められた。(5)

同じように、韓国では法律によって産業別労組は違法とされていたが、近年急増する非正規雇用労働者の組織化や産業横断的に労働市場を規制することの必要性が認識され、産別化を進めてきたという経緯がある。１９８７年の民主化を経て、ナショナルセンターである「全国民主労働組合総連盟（民主労総）」などが改革を進め、１９９７年や２０１０年の労働法改正によって実質的に産別が合法となった。(6)

ただし、韓国でも企業別組合を単位とする傾向は強く残存している。日本にも形式としての「産別労組」は存在するのだが、実際には企業別組合が実権を握っており、欧米のように産別労組が直接組合員を組織しているわけではない。日本ではストライキを行うかどうかも企業別組合が決める。

韓国や台湾ではそれを克服し、産別組織化や交渉の産別化を強化するために改革を進めているということだ。つまり、ただ企業別組合を産別組合の傘下に収めるという形式を追求しているのではなく、彼らは交渉やストライキを含む争議も、企業を超えて行う方向を模索している。

このように、産別・職業別の労使交渉の伝統が不在の東アジアでは、企業別組合を乗り越えていくことは共通の課題だと考えられている。この東アジア労働運動の産別化の流れのなかで注目を集めているのが、2019年6月に台湾で始まったエバー航空客室乗務員のストライキである。

台湾航空産業の歴史上、最長のストライキ

2019年6月20日、台湾の二大航空会社のひとつである、エバー航空で働く客室乗務員2300人がストライキに突入した。ストライキは7月6日に交渉が妥結したが、それまでの17日間で1200のフライトがキャンセルされ、30万人以上の利用者に影響があったとされる。

今回のストライキを組織したのは「桃園市空服員職業工会」(日本語でいえば「桃園市客

室乗務員労働組合」）である。桃園市には、台湾最大の空港「台湾桃園国際空港」があり、エバー航空も中華航空（台湾のフラッグキャリア）もハブ空港として利用している。つまりこの組合は、企業の枠を超えて台湾二大航空会社の客室乗務員を組織している職業別労働組合だ。

このときは、エバー航空で働く約4000人の客室乗務員のうち、2300人がこの組合に加盟してストライキに参加した(7)。

エバー航空は長年、劣悪な労働条件を放置し続けてきていた。客室乗務員の月収は約2万2000台湾ドル（8万円）と最低賃金ギリギリの水準で、労働基準法の定める1日12時間を超えるシフトも多い。さらに、職場内で蔓延するセクシャルハラスメントの問題（エバー航空の客室乗務員は全員女性）や、過重労働によって引きおこされる安全性の問題などについて、労働組合は2年以上も団体交渉を通じて改善を要求してきた。しかし、会社はこの要求を無視し続けてきたため、今回のストライキにつながった。

社員は「ストライキが現在の労働条件を変える唯一の道」だと考えて、組合員の9割以上という圧倒的多数の賛成によりストライキに突入している。組合側は、祝日勤務時の日当の増額や、すべての海外路線で日帰りではなく宿泊を認めること、会社の取締役会と懲戒委員会に労働者代表の参加を認めることなどの要求を掲げ、結局これらの多くは認められる結果となった。

ただし、このストライキが簡単な紛争ではなかったことは強調しておきたい。筆者自身、たまたま国際学会で台湾を訪れていた最中、スト中の労働者たちと交流する機会を得たが、労働者たちは口々に、「メディアを使った誹謗《ひぼう》キャンペーンがつらい」と言っていた。会社は金に物を言わせてさまざまな方法で従業員たちを圧迫していたのだ。

そもそも、エバー航空は台湾の大手企業グループに属する会社であるにもかかわらず、採用面接の段階で「労働組合があったほうがいいと思いますか」と就職希望者に確認するほど、労働組合に敵対的なことで有名だ。それでもストライキが勝利した背景には、まさに産別化による交渉力の増大があった。

実は、エバー航空と同じ産別組合に属する中華航空の客室乗務員2638人が、2016年にストライキを行っている。休日の確保や祝日勤務時の日当の増額などを求めて争議を行った結果、労働条件の改善を勝ち取っており、今回のストライキはその闘争の経験に基づいていた。同じ組合に組織されている、同じ職業の労働者が、別々にではあれストライキに参加したわけだ。業界を改善する機運は高まっていたといえるだろう。

また、ストライキ中に何度も行われた決起集会に、中華航空の客室乗務員も何度も駆けつけたほか、ストライキ資金も供給された。単なる企業別組合間の援助や連携ではない。財政組織やストライキの議決権も、上部組織である産別の側にある。その一体性こそが武器となった。

そもそも、企業を超えた産別交渉が可能になるためには、使用者側も企業を超えた「使用者団体」を結成しなければならない。産別労組とのあいだで労働協約を結び、これを守る経営側の主体が必要になるからだ。台湾の現在の法律でも、企業横断的な交渉を行うには、交渉相手の企業側も企業横断的に組織されなければならない。産業内の企業にストライキで圧力をかけることで、使用者団体の結成を促すことが今後の課題となるだろう。いずれにせよ、今回のストライキの成功で、ますます産別化の機運は高まっていくものと思われる。

なお、日本では産業別協約を結ぶ使用者団体の形成はおろか、産業別の組織強化もまったく議論の俎上《そじょう》に上っていない。かつての台湾や韓国のように、産別組合が法律で規制されているわけでもないのに、産別組織の「実質化」の動きはほとんどない。

韓国や台湾で変化が進むなか、日本の労組はこの潮流から取り残されており、今後、時代遅れの存在となっていく可能性がある。

社会正義を問う、アメリカの教員スト

次に、Ｂ「社会的」について解説しよう。第２章では、日本でもケア労働などを中心に、ストライキが社会問題としてとらえられるようになりつつあることを説明した。海外でも労働やサービスの質を問うような労働運動が激化している。とりわけ巨大な規模で行われ、世界的に注目されたのがアメリカの教員ストライキだ。

本章の冒頭で述べたように、２０１８年のアメリカは「ストライキの年」と呼んでも過言ではなかった。

さらに注目すべきはその内訳で、ストライキ参加者の90パーセント以上は、教育、医療そして介護といったケア産業で働く労働者であった。

この中でも特に中心的な役割を担ったのが、公立学校教員によるストライキだ。労働損失日数で見てみると、最大規模のストライキは、8・1万人が参加し、のべ48万6000日の損失が生じたアリゾナ州教職員組合が行ったストライキであった。

特に公立学校の教職員に限っていえば、全米の公立保育園、小学校、中学校、高校で教鞭《きょうべん》をとる教員のうち、20人にひとりはこの間の教員主導ストライキに参加した計算になるほど大規模に展開された。2018年には上述のアリゾナ州教職員に加えて、ノースキャロライナ州（スト参加労働者数12・3万人）、コロラド州（6・3万人）、オクラホマ州（4・5万人）、ウェストバージニア州（3・5万人）、そしてケンタッキー州（2・6万人）で、教員がストライキを通じて異議申し立てを行った。

さらに2019年には、全米で2番目に大きい規模の学区をもつロサンゼルス市と周辺の教職員3万2000人が30年ぶりにストライキに突入し、全米で3番目に大きい学区のシカゴ市の教職員3万6000人もストライキを実施した。全米各地で教職員らによる労働争議が頻発しており、毎日のようにマスメディアでその様子が取り上げられている。

いったい何が彼らを立ち上がらせたのか。ここでは、相次ぐ教職員ストライキの波の第一波となったウェストバージニア州のケースと、2019年のシカゴ市のケースを紹介しよう。

「違法」な山猫ストが全米を変えるきっかけに――ウェストバージニア州のストライキ

アパラチア山脈に位置するウェストバージニア州の貧困率は全米ワースト3位（上から48位）と、アメリカ国内でも貧困が深刻な地域である。ここで、2018年2月、ほかの州の先駆けとなった教員ストライキが行われた。マイケル・ムーアは同年のドキュメンタリー『華氏119』でこのケースを取り上げており、映画で見たという人も多いだろう。

そもそも、アメリカの教員の給料は、ほかの産業労働者と比較して非常に低く抑えられている。その中でも、ウェストバージニア州の公立学校で働く教員の年収は、初任給が約3万4000ドル、平均は約4万6000ドルと、全米の教員年収平均の約5万8000ドルを大きく下回っていた。低賃金であるため新規募集をかけても応募がなく、約700の教員ポストが空白になっている。

その上、州政府はさらなる財政削減のために、教員が加入する健康保険の自己負担分の引き上げや、健康状態に応じて保険料を値上げしようとしていた。さらに、公立学校制度そのものを切り崩す政策も進めようとしていた。これまで禁止されていた「チャータースクール」の新設や、教育バウチャー制度の導入といったものだ。(8)

民間企業が補助金を受け取り、営利目的で運営するチャータースクールでは、障害児や貧困層の生徒の受け入れが拒否されたり、教員の労働条件悪化などの問題が起きている。バウチャー制度も、経済的に豊かな地域の私立学校に人気が集中し、公立学校の予算削減や質の低下が指摘されている。

このような政策に反対して、ウェストバージニア州の教職員組合の組合員80パーセントが賛成し、3万5000人の教職員がストライキに突入したのである。

ただし、ウェストバージニア州では、アメリカのほかの多くの州と同様に公務員のストライキ権に制限がかけられており、公立学校教員にも認められていない。州政府は違法のストだとして裁判所に訴えると脅したが、教員は生徒や保護者の支持を背景にストライキを継続し、9日間にわたってピケットを張り、州議会前に集まって抗議行動を展開した。(9)

さらにその間、保護者が出勤してストライキ中に子どもを預かる人がいない家庭や、多くの生徒にとっては学校給食が唯一まともな食事となっている現状をふまえて、地域のNPOや教会などと協力して、教員たちが生徒を預かり食事を提供して、地域社会の支持を集めていた。さらに、ストライキ中は無給になるためクラウドファンディングでスト基金を集め、33万ドル（日本円にしておよそ3600万円）以上の支援を受けた。

そして、最終的には健康保険改悪法案の廃止、賃上げ、チャータースクール新設の見送りが決まったのである[10]。

日本の私立教員によるストライキと同様に、貧困問題や教育の質といった社会問題を訴えることで、労働者と消費者（利用者）、そして地域社会がストライキと連動する姿が見える。アメリカでは、それが日本よりもずっと大規模に行われ始めているのだ。

地域の課題に取り組む教員ストライキ

2019年秋、イリノイ州シカゴ市の公立学校教職員もストライキに突入した。シカゴ市の学区は、2万5000人の教職員が25万人の生徒を担当している。

長年の新自由主義的改革によって教育予算が減らされる一方で、民間デベロッパーなどには、高級住宅街やオフィス街を建設できるよう多額の補助金が支払われていた。教員たちはストライキを通じて州の社会政策全体を変えようとしたのである。

彼らは、教員や職員らの賃上げ、教員1人あたりの生徒数に上限を設けること、特別教育の拡充、バイリンガル教育の拡充、看護師や図書館司書を全学校に配置すること、生徒の移民取り締まり当局からの保護、といった教育の質を高める要求を行った。さらに加えて、シカゴで深刻化するホームレスの問題を解決するため、ホームレス状態に置かれている生徒に対する支援と公共住宅の新設をも求めたのである。[11] 半月のストライキを経て、市は教育予算の拡充や賃上げ、ソーシャルワーカーの配置などを約束するという組合側の勝利で解決に至った。[12]

ここではふたつの例だけを示したが、同様のストライキが全米各地で大規模に行われている。今、アメリカでは、賃金闘争を超えて社会的課題に取り組む**「社会正義のための団体交渉」**[13]（bargaining for the common good）という概念が定着しつつあるのだ。シカゴ市のストライキで、教員の待遇や予算だけでなく住宅政策の改善なども求めたように、自分たちの待遇改善だけでなく、広がりすぎた経済格差や富の集中の是正をも要求している点は、これまでの労働運動とは大きく異なっている。

さらに、これらのストライキが違法である点も重要だ。実は近年、公務員だけではなく、広くサービス業で「違法スト」が行われている。アメリカの労働法は日本よりも規制が厳しく、職場の選挙で過半数の支持が得られなければ法的に保護された団体交渉権を獲得できない。シカゴでは教員によるストライキは合法ではあるが、交渉内容は賃金など「狭義」の労働条件に限定されるため、今回のストは違法と判断される可能性があった。そこでサービス業の多くでは、社会運動と連帯することで労働法とは別の圧力をかけ、団体交渉を企業に認めさせるということが頻繁に行われている。

近年のアメリカでは、労組法の「制度の枠内での交渉」を超える「脱制度化」によって社会正義を追求するべきだという議論さえなされている。社会正義を追求する労働運動は、ストライキをめぐる「法律のあり方」へも挑戦を投げかけているといってよいだろう。

広がる「ケア労働」を守るストライキ

ケア労働の質を守るためのストライキは、もちろん教育に限らない。2020年1月には、シアトル市のスウェーデン医療センターの８０００人の病院労働者が３日間のストライキを行った。

発端は組合活動を理由とした解雇だが、そもそもの交渉の争点は、賃上げのほか、人員不足による超過勤務と過労のストレスなどである。看護師一人当たりの患者数は３人から５人が望ましいところ、この病院では７、８人を担当しているという。また、労働者たちは清掃職員の数も足りず、院内感染も多いと訴えている。

その一方で運営会社は莫大な利益を上げ、理事長は年収１５００万ドル以上の報酬を得ている。営利追求によるケアの質の低下が問題となっていたのである。[14]

また、アメリカ以外でも、ケア労働に関する社会正義をめぐるストライキは広範に行われている。

例えば、２０１８年6月、イギリスの老人ホームで働き、イギリス最大の労働組合ＵＮＩＳＯＮに加盟する１２０人の介護労働者がストライキに突入した。[15] きっかけとなったのは、ホーム運営企業が新たに30分の無給休憩を各シフトに強制的に組み込むことで、スタッフをより長時間拘束しようとしたことだ。

もともと最低賃金と変わらない時給しか受け取っておらず、これ以上の実質的な賃金カットでは生活を成り立たせられないと労働者は訴えた。事の発端は、行政が老人ホーム運営企業に支払う補助金が減らされ、そのコストを労働者に転嫁しようとしたことであり、国の社会保障そのもののあり方を問うている闘いだといえる。

さらにその翌月、イギリス第2の都市・バーミンガムの介護労働者数百人もストライキを実施した[16]。バーミンガム市が介護費用の削減を目的として、介護労働者の労働時間を現行の週37時間から、人によっては最大で週14時間まで減らす計画に反対するためだ。労働者らは、週14時間では貧困ライン以下の収入になるが、働いているため失業給付を受けることができない。「プライドをもってコミュニティーのために必要な仕事をしているのに貧困なのはおかしい」と、市が計画している介護の民営化反対を訴えている。

2019年11月、イギリスの隣のフランスでは、看護師や介護士など福祉部門で働く公務員が、賃上げやスタッフの増員に加えて、国の医療予算の拡充や病院のベッド数の拡充を求めてストライキを行った。フランスの医療は世界最高水準とされているが、近年の緊縮財政政策による医療費削減によって引きおこされた人手不足の影響で、多くの労働者が過労で疲弊していることがその背景にあると言われている。

放送の公正を実現する韓国のストライキ

社会正義を争うストライキは、ケア・社会政策に限らず、さまざまな社会問題とも接点をもっている。韓国では、言論の自由や性暴力をめぐるストライキが大規模に行われ、注目された。

言論の自由を求めるストライキから説明しよう。2017年9月、韓国の公営放送2社で、労働組合が同時ストライキに突入した。KBS（韓国放送）とMBC（文化放送）それぞれの労働組合が、経営陣の刷新と「公営放送の正常化」を要求として掲げ、KBSからは1900人が、MBCからは1800人の労働者がストライキに参加したのである。

このストライキで争われたのは、韓国政府によるメディアに対する介入だった。政府によるメディア介入は過去に何度も問題視されてきており、放送内容への介入だけでなく、牛海綿状脳症（BSE）問題を取り上げた番組のプロデューサー、ディレクターなど6人が、農林水産食品部長官に対する名誉毀損容疑で逮捕されたほか、左遷されるといったことも繰り返されてきた(17)(18)。

2017年のストライキはKBSでは5カ月近く、MBCでは72日間にわたって行われた。スト期間中は労働組合に所属する記者やディレクターなどが番組制作を拒否したため、ほとんどの番組が中止もしくは再放送となった。それでも世論の66・4パーセントは「公営放送の正常化に共感する」と答え、支持している。結局ストライキは両放送局社長が辞任することで終結し、MBCの新社長には2012年のストライキを先導したとして解雇された記者が任命され、不当解雇された元職員の復帰も決まった。

ストライキによって、放送される番組の内容や質、報道内容に対する経営陣の介入といった問題についても働く側から改善され、しかもそれが世論に支持されている点は注目に値しよう。まさに、放送に携わる「職業」と「産業」が連帯の軸となり、社会的な正義を追求している。労働者こそが実際に放送業務を遂行するのだから、その「労働力」を意識的に活用したストライキは、政治介入と闘う最大の武器となる。

日本においても、NHKへの政治介入はたびたび取りざたされているが、ストライキは言論の公平性を守る手段ともなりえることが、この事例から示されているのだ。

性暴力に対するストライキ

韓国で社会的に争われているもうひとつの注目すべきテーマが、性暴力だ。韓国においても日本と同様に、女性労働者への賃金差別やセクシャルハラスメントの問題は深刻である(19)。

2019年5月、韓国南東部の都市・蔚山《ウルサン》で、都市ガスの安全点検業務を担っていた女性労働者が、顧客宅を訪問した際に監禁されたうえに性暴力を受け、被害女性が自宅で練炭自殺を図るという事件が起こった。同僚が発見したため女性は一命をとりとめたが、この事件がきっかけとなり、蔚山でガス点検を担う数十人の女性労働者が声を上げ、都市ガス運営会社が対策をとるまで点検を行わないとストライキに突入した。

その後、韓国全土でガスの安全点検業務を担う女性労働者の多くが、同じような被害を顧客から受けていることが明らかになっている。ソウル市の労働者は「酒に酔った住民から身体を触られた」と訴え、またほかの労働者によれば「下着姿の顧客に出くわすことは珍しくなく、ひどい場合には監禁され性暴力を受けるという事件が日常的に起こっている」という。被害を受けた女性労働者らは、ストレス性の過呼吸や精神疾患を発症して退職を余儀なくされていった。

だが、ほとんどの女性労働者は会社による隠蔽や雇い止めの可能性を恐れて、被害を訴えることはできなかった。なんとか被害を会社に訴えたとしても、会社側は無視し、顧客対応マニュアルでは、顧客からの猥談《わいだん》は聞かなかったこととして対応するよう指示していた。

蔚山の女性労働者が加盟する公共運輸労組（これも産別労組だ）は、ガス安全点検の際に労働者は必ず2人1組にすることに加えて、個人ノルマや歩合給の廃止、過去の被害に関する勤務実態の調査などを要求し、市議会前にテントを張って抗議活動を続けた。

当初、会社側は「2人1組にするためにはガス料金を値上げしなければならない」と主張し、団体交渉もまともに取り合おうとはしなかった。しかし、124日間にもおよぶストライキの末、労働組合の要求のほとんどを受け入れた。会社側がストライキの発端となった事件の被害労働者の治療費を負担すること、原則として2人1組で点検にあたること、件数ノルマを廃止することなど[20]が、労働協約に盛り込まれた[21]。

このような職場で蔓延する性差別に対する労働者の抗議行動は、韓国だけではない。例えばアメリカのIT企業グーグルだ。同社では社内で蔓延するセクハラや、セクハラ対応の不備などに対して異議を申し立てるため、２０１８年11月にストライキが行われた。このとき、オフィスがある全世界の50都市で働く2万人ものグーグル社員や下請け労働者が抗議行動に参加した。彼らが求めたのは、会社による被害のもみ消しを止めることや、匿名で報告できる効果的なセクハラ対応窓口の設置、性別による賃金格差の廃止といったことだ。ストライキの結果、グーグル社は対応マニュアルの変更を約束した[22]。

日本でも、セクハラやマタハラ、性暴力、そしてパワハラは職場に蔓延しているが、労働者が職場で対抗する動きはまだまだ乏しい。海外の事例からは、これらの人権問題に対しても、ストライキが有効な対抗手段であることが示されている。

移民労働者を守るためのストライキ

社会正義を求めるストライキはさらに、移民の人権問題や、気候変動といったグローバルなイシューをも対象にしている。

ドイツのパイロットは難民申請を却下された移民の強制送還に反対するために、送還される外国人の搭乗する飛行機の操縦を拒否している。[23] ２０１７年に報道されたところによると、ドイツからアフガニスタンへ向かう２２２便のフライトがパイロットの操縦拒否によりキャンセルとなった。そのうちの90便弱はドイツのフラッグキャリア・ルフトハンザやそのグループ会社の飛行機であった。組合が組織するストライキではないが、労働者が労務提供を拒否することのインパクトの重大さがよくわかる。

また、ここ数年間、ドイツやイギリス、ポーランド、スペイン、アメリカなどのアマゾン社の物流倉庫では、時給やノルマの改善を求めてアマゾンプライムデーに合わせてストライキを行っている。膨大な量の商品を扱うプライムデーに物流がマヒすれば、その影響は尋常ではない。

２０１８年にスペインでは１８００人が、２０１９年のドイツでは２０００人が参加した。アメリカのストライキではソマリアなどアフリカ出身の労働者が中心となっていたという。全世界にあるアマゾンの物流倉庫では多くの移民労働者が働いており、その多くがストに参加している。

——企業に拡がる気候正義のストライキ

「気候変動とストライキ」といえば、スウェーデンの高校生、グレタ・トゥーンベリさんが発端であることは知られている。彼女が気候変動への対策強化を訴えるために始めた、毎週金曜日に学校をストライキする行動が注目を集め、2019年9月20日には、世界各国の学生がこれに続いて「グローバル気候ストライキ」が行われた。世界185の国で760万人が参加したこの抗議行動には、多くの学生や若者が参加したことで知られる（日本でもグローバル気候マーチが行われ、東京では2800人の学生や労働者がデモ行進に参加した）。

もちろん、学生たちの授業ストは、本来の意味でのストライキではない。しかし、この動きに触発され、アメリカでは労働者自身が気候変動対策を求めて、自分たちの労働力をコントロールする本物のストライキも実行している。

アマゾン本社で働く労働者たちは、「気候正義のためのアマゾン従業員」（Amazon Employees for Climate Justice）というグループを結成し、上記の「グローバル気候ストライキ」に合わせて1749人が一斉に仕事を引き上げ、街頭での抗議行動に参加した。アマゾン社創設25年で初めて、本社労働者が起こしたストライキが、気候正義を求める行動であったことは特筆すべきである。

彼らが求めたのは、アマゾン社自身が実質的に意味のある気候変動対策を講じることだった。具体的には、①アマゾン社の炭素排出量を2030年までに実質ゼロにすること、②石油や天然ガス関連企業にアマゾン社のクラウド・コンピューティングサービスを販売しないこと、③気候変動を否定する政治家に対する献金を止めること、の3点だ。

アマゾン社のクラウドサービスは新規油田の発掘の際に使用されており、また多数の気候変動否定論の政治家に献金を行っているため、同社が気候変動を促進していると労働者たちは訴えたのだ。(24)

労働者からの要求に対して、ジェフ・ベゾスCEOはストライキが予定されていた日の前日に、パリ協定の内容を10年前倒しして達成するという目標を掲げることや、宅配用に電気自動車10万台を購入することなどを約束するプランを発表した。労働者の「ストライキ」という手段が、企業や産業のあり方の改革をも実現したのである。(25)

さらに、アマゾンだけでなく、グーグルやフェイスブック、マイクロソフト、ツイッターといったほかの大手有名IT企業で働く労働者たちも呼応し、ストライキを実施した。IT と聞くとハイテクで環境に配慮している産業だとイメージされるかもしれないが、IT 産業のコンピューティングインフラは、航空産業と同レベルの二酸化炭素を排出していることが明らかになっている[26]。

また、IT 業界は石油や天然ガス関連企業と巨額の契約を結び、「効率的に」石油を採掘するAIや技術を提供している。さらには、気候変動の影響によって住む場所を追われた人々の監視や警備のための技術もアマゾンなどは販売している。

これらの業界のあり方、そして気候変動を引きおこしている今の経済システムへの異議申し立ては、「賃金交渉」をもっぱらの課題とする従来型のストライキとはまったく異なっている。同時に、ここでのポイントは、やはり「労働力」の担い手が労働力を「意識的にコントロール」することで、企業の経営方針をも動かした点だ。ストライキの巨大な「潜在力」を示している事例だといえるだろう。

最低賃金を求める運動

ここから、C「下層化[27]」に話を移そう。グローバル化により、先進国における労働者の下層化は、移民が主な担い手であるサービス業でもっとも根深く広がった。その典型がアメリカの清掃労働者であり、彼らのストライキは注目を集め、サービス業全体を巻き込んだ労働運動に波及した。

1990年代以降、アメリカやカナダで展開されてきた「ジャニター（清掃員）に正義を」キャンペーンは、アメリカの産別労組である「国際サービス従業員労働組合（SEIU）」が中心となって展開された運動だ[28]。

多くの清掃労働者は、低賃金で健康保険にも入れないという貧困状態に苦しみ、社会的にも正当な評価を受けていない。そのような状況を変えようと、少なくとも全米29都市の20万人以上の清掃員が、ストライキや社会発信キャンペーンを行った。

もともと中南米からの移民が多い清掃員は「組織不可能」とまで言われていたが、組合は英語教室をはじめスペイン語で訴えかけることで組織化し、労働条件を改善する協約を次々と締結していった。さらにその過程で、メディアを通じて状況を知った地域の教会や移民問題に取り組む市民団体、そして清掃員が働く大学の学生らが支援に駆けつけるという、労働運動にとどまらない社会的な連帯が形成されていった。

この「ジャニターに正義を」の大きな流れを汲《く》んで展開されたのが、最低賃金を時給15ドルに引き上げることを求める運動「Fight for $15」だ。この運動は、2012年にニューヨークのファストフード店で働く労働者200人が、時給15ドルと団結権を求めて行ったストライキに端を発する。その後、ケアワーカーやコンビニ労働者といった、フルタイムで働いても生計を立てることができない多くのワーキングプアを巻き込み、連邦最低賃金7・25ドルの大幅な引き上げを要求した。(29)

また、セクハラや賃金未払い、労災隠しといった下層の労働者が日々直面する労働問題を訴え、さらにこれら低賃金労働は、主に女性や黒人、そして移民といった社会的マイノリティが担っているという社会構造の不正義を告発した。

全米300以上の都市で繰り返された抗議行動やストライキの結果、ニューヨーク州やカリフォルニア州など七つの州では、時給15ドルまで最低賃金を引き上げる法律が可決された。当初から時給15ドルは非現実的だと批判され続けたが、この運動によって、アメリカ国内で働く全労働者の3割以上にあたる2400万人の賃上げにつながったと推計されている。[30]

日本では、ニューヨークやカリフォルニアで最低賃金が15ドルになったという結果ばかりが報じられ、日本で同様の賃金は可能かの議論がかまびすしい。しかしその背景には、このような移民労働者の組織化と一連のストライキやキャンペーンがあったのだ。ストライキは最低賃金の大幅値上げを通じ、下層労働者全体の底上げを実現しているのである。

このように、これまでの産別運動とは異なり、中間層の賃上げだけではない貧困問題や社会問題に立ち向かう労働運動が広がっている。そうした貧困者を組織する新しい労働運動は、「社会運動ユニオニズム」とも呼ばれている。[31]

ギグ・エコノミーの広がり

これまで、下層労働者の働き口としてもっともイメージされやすかったのが清掃業や小売店の店員、外食チェーンといった職種だった。しかし、2010年代に入り、職種がぐっと拡大している。それが「雇用によらない」仕事だ。これまでの下層労働者だけでなく、中間層から転落する例も増えている。

民泊、家事代行サービス、カーシェア、ライドシェア、フードデリバリーなど、スマホアプリを通じてあらゆるサービスを利用することができるようになった。同時に、インターネット上のプラットフォームから仕事を請け負うかたちで働く人が増加しているのだ。プラットフォーム型労働でもっとも有名なアプリは、ウーバーやリフトといった配車アプリだ。日本ではまだ導入されていないが、伝統的なタクシーに代わって、個人が自家用車を使ってアプリの指示に従いながら顧客を目的地まで送り届けるというライドシェアというサービスが、世界的に広がっている。全世界で300万人以上のドライバーがウーバーを介して働いている。

彼らは細切れで客の要求に応じて働くことになるが、企業に雇われていない「自営業」として扱われるため、労働災害や雇用保険に入ることができず、労働法の保護も適用されない。低賃金の上に不安定なのだ。その上、労働者ではないために労働組合活動が法的に保護されない（この点は日本を含め世界各国で争われている）。

今では短期的な関係で働く経済の形態は「ギグ・エコノミー」と呼ばれ、プラットフォーム型労働はその中心をなしている。そこでは、労働者はプラットフォーマーに完全に支配され、低処遇の労働を余儀なくされている。

ウーバーのドライバーは、仕事を拒否し続けるとその後アプリにログインすることができなくなるため実質的な拒否権はなく、そもそも1回あたりに受け取る金額がどのように計算されているのかすら把握できない。

その上で、プラットフォーム型労働者が増えるにつれて、実際に労働者らが受け取る手取りがどんどん減ってきている、との声がドライバーらからあがっている。アメリカ・ボストンでウーバーを運転するドライバーは、1マイル（約1・6㎞）あたりのレートが2016年の1・2ドルから、2019年には0・7ドルまで下がっていると報告している。また、ウーバーの別のドライバーは、2017年ごろは週40時間の運転で手取りが週あたり約1200ドルだったが、2019年には週60時間の労働で手取りが週あたり900ドルまで減っていると証言している。[32]

「アルゴリズム」への対抗

そのような新しい「下層労働」の出現に対しても、労働者たちはストライキで対抗している。2014年10月には、ニューヨークやロンドンなどのウーバードライバーが、15時から18時までドライバーにアプリをオフにするよう呼びかける「グローバルストライキ」を実行した。これはギグワーカーによる世界初の「ストライキ」だといわれている。

また、2019年5月8日には、ウーバー社の新規上場のタイミングに合わせて、アメリカ国内の少なくとも10の都市と、オーストラリア、ブラジル、チリ、コスタリカ、イギリス、ケニア、ナイジェリアなど世界中で、アプリをオフにするストライキが行われた。ニューヨークでは、1万人のウーバーおよびリフトのドライバーが、もっとも利用者が多い朝の通勤ラッシュ時にアプリをオフにし続けた。

では、ドライバーたちはいったい何を求めているのだろうか。要求はさまざまであるが、ここではアメリカ・ロサンゼルスに拠点を置いて活動するドライバーらによる団体「ライドシェアドライバーズユナイテッド」の訴えを紹介しよう。彼らがライドシェア大手のウーバーやリフトに対して突きつけた要求は主に5点だ(33)。

①ウーバー社もしくはリフト社が利用者から徴収する手数料の上限を10パーセントにする

こと
②ロサンゼルスのドライバーの最低時給を27・86ドル(34)に設定すること
③アカウントが停止される**基準の明確化**や、停止された際に中立的な第三者による迅速で透明性の確保されたかたちでの**異議申し立てプロセス**を確立すること
④ドライバーの組織化を認めて、団体交渉に応じること
⑤環境負荷に配慮して、新規参入ドライバーの数を制限すること

これらはどれも重要なものだが、その中でも特に注目したいのは、③の要求である。これは、いわばドライバーらの労働条件を決定づける企業側の仕組み、この場合でいえば「アルゴリズム」のあり方に対する異議申し立てや介入の要求だと言える。

ドライバーらの賃金や労働条件は、プラットフォーム運営企業の作成したアルゴリズムに基づいて決められている。そのような労務管理は、勤務中のドライバーを常に監視下に置き、評価や報酬を一方的に決め、さらには業務遂行にかかわる情報や知識を会社が吸い上げて、市場を独占することにつながる。

そこで、アメリカ以外の国でも、例えばイギリスのウーバー労働者も、プラットフォーマーに一方的に支配されないためには、集積されたデータへのアクセス権、そしてデータをどのようにして運営企業が活用しているかを把握する必要があると主張しているのだ[35]。

2018年にデリバルー(Deliveroo)というフードデリバリーアプリのベルギーの労働者らがストライキした際の要求事項のひとつも、アルゴリズムへの管理権だった。労働者自身が、例えば時間帯ごとの最適なルートや需要の変化といったサービスのあり方についての知識がなければ、結局はアプリの指示に従うだけの存在に成り下がり、自らの意志で働くことはできなくなる。

AI技術の発展はいやおうなく労働社会を変化させていくが、その中で最大の論点のひとつは、新しいアルゴリズムに対する自主管理権であり、世界各地のストライキでそれはすでに争点化されているのである。このことの重要性については、第4章で再度考えよう。

既存労組の変化：大規模GMスト

従来は組織できていなかった移民労働者を組合が取り込んだり、自営業者であるため労働組合活動が法的に保護されないウーバーのドライバーがストライキを行うことは、ほかの産業にも影響をあたえている。その鮮やかな実例を、従来型の組織された製造業労働者に見ることができる。

アメリカでビッグ・スリーと呼ばれる自動車メーカーのひとつ、GMを組織する「全米自動車労働組合」（UAW）の労働者4万8000人が、2019年に12年ぶりのストライキに突入した。40日間におよび、全米に55あるGM工場で生産がストップした。アメリカ自動車産業では過去50年近くで最長とされるほどの大規模ストライキである。

このストで最大の争点となったのは、「階層的」な労務管理である。[36]90年代以降のグローバリゼーションのなかで、GMを始め自動車メーカーは次々と海外に生産拠点を移転していった。UAWは、アメリカ国内の工場で生産を続けさせることを目的に、GMと妥協せざるをえなかった。2007年に会社と合意した労働協約では、賃金の安い非正規雇用や下請け労働者、派遣労働者を大幅に活用することを認めてしまったのだ。[37]

2019年のストライキでは、このような階層的な労務管理が正面から問題にされた。GMはストライキによって1日あたり5000万ドルから1億ドルの損失を被っていると推計されたが、会社側は態度をかたくなに変えず、組合と会社が合意に達するまで40日もかかった。この新労働協約によって、会社は一時金の支払いを約束し、賃上げも保証した。しかし、階層化そのものは維持され、労働者が反対していたオハイオ州の工場も閉鎖されることになった。

このストライキが注目に値するのは、労働組合が非正規雇用や階層化の問題に取り組もうとしていたからである。そもそも、GM労組は、これまで非正規雇用の賃金や雇用形態は中心的な問題としてこなかった。それどころか、2007年には自分たちの雇用と待遇を守るために、階層化を直接受け入れているのだ。

そのようなGM労組が階層化の問題に正面から取り組んだのは、アメリカでは「Fight for $15」などのキャンペーンや、プラットフォーム型で働く労働者のストライキが頻発していたからだ。非正規労働者に冷淡なGM労組も、下層労働者を包摂して闘うという潮流を無視できなかったのである。

日本におきかえてみれば、その画期性は明らかだ。日本でもリーマンショック期の2009年に製造業の派遣労働者が大量解雇にあった。また、それ以前から「偽装請負」や非正規差別は重大な社会問題となっていた。だが、製造大手の企業別組合は、その差別を是正するために本格的な交渉をしたり、ましてストライキを行うことはなかった。

２０１３年に労働契約法が改正され、非正規の「5年無期転換ルール」が制定された。それから5年後の２０１８年には、日本のすべての自動車メーカーと、多くの電機メーカーではこの法律を脱法するために、非正規の「４年11カ月までの解雇」などの手法をルール化していたことが大きく報じられ、社会問題化した。それにもかかわらず、日本の主要労組がこれに抵抗する気配はまったくなかった。

現状では、日本の主要労組が非正規雇用の問題に本腰を入れて対応することは望めないように見える。しかし、下層労働者たちの労働争議が頻発していけば、日本労働組合総連合会（連合）もいずれ方向を変えざるをえなくなるだろう。下層労働者たちのストライキが、国全体の労働運動を変えていく可能性があることを、アメリカの事例は示している。

存在感を増す「政治スト」

最後にふたつ、興味深い海外のストライキを紹介して本章を終えることにしよう。ひとつは政治スト、もうひとつが中国でのストライキ事情だ。

世界では、「政治スト」も盛んに行われている。例えば、2016年12月に弾劾訴追された韓国の朴槿恵《パククネ》大統領をそこまで追い詰めたのは、労働者のゼネストだった。直接のきっかけは大統領が親友を政治に関与させていたことが発覚したことだが、これが発端となり、朴政権による労組弾圧などそれまで韓国社会に蔓延していたさまざまな課題が一気に噴出した。

11月にナショナルセンター「民主労総」の呼びかけで行われたゼネストには、全国22万人の労働者が参加し退陣を要求した。さらに、労働組合や学生団体、障害者団体、セウォル号沈没事故の遺族など200万人を超える人々が「ろうそくデモ」に参加し、直前の支持率は史上最低のわずか4パーセントという状況で退陣に追い込まれた。

また、2019年秋に発生した南米チリでの反政府行動は、きっかけこそ地下鉄運賃の値上げであったが、その本質は社会的不平等を拡大させた新自由主義政策に反発した政治運動だった。国内最大の労働組合の呼びかけにより、何百万人もの学生や労働者がゼネストに参加し、軍事独裁政権時から続く社会福祉削減と労働条件の悪化を追及、ピニェラ大統領の辞任や経済と政治の民主化を求めている[38]。

スペイン・カタルーニャ州でも労働組合の呼びかけによってゼネストが行われている。２０１９年10月、スペインからの独立を問う住民投票を進めた政治家に実刑判決が出されたことをきっかけにデモが始まり、ゼネストが呼びかけられた。これにより多くの店舗や企業、観光スポットなどが営業停止となった。当日のデモ参加者は50万人に上り、警察は催涙弾やゴム弾を使い弾圧を続けている。

さらに、２０１９年12月、年金受給年齢の引き上げや早期受給者の減額などを柱にした、フランス・マクロン政権による年金改革に反対した労働者ら80万人以上が、ゼネストに突入した。１００以上の都市で抗議デモが行われ、看護師や警察官、ゴミ収集員や小学校教員などがストライキに参加した。国中の公共交通機関がストップしたが、人々の支持は厚く、約7割の市民はストを支持しており、特に18歳から34歳の支持がもっとも高かった。

そして、激しい政治闘争が繰り広げられている香港でも今まさに、ストライキが行われている。そもそもこの問題は、香港政府が２０１９年2月に議会に提出した「逃亡犯条例改正案」に端を発する[39]。香港市民が懸念しているのは、この法律で中国政府に批判的な人物が容疑をでっち上げられ、中国に送還されるという事態だ。同法では30以上の犯罪が引き渡しの対象とされており、さらに資産凍結まで可能になるという。

この法案に反対して、2019年6月9日に起こったデモには、全人口約700万人のうち、100万人以上が路上に出て法案成立反対を主張した。これは香港の歴史上、最大規模のデモであり、その後も政府の強硬な姿勢が続くなかで紛争は激化していった[40]。

その中で、労働者はストライキに訴えた。8月に行われたゼネストには1万4000人の労働者が参加している。客室乗務員の労働組合がストライキを呼びかけ、香港のフラッグキャリアであるキャセイパシフィック航空の労働者1200人を含む2300人の航空産業労働者がストライキに参加した。

彼らがストに突入したことにより、世界最大規模の空港である香港国際空港は完全にマヒし、フライトの50パーセントがキャンセルを余儀なくさせられた。国際空港のマヒは世界的に報道され、経済にも多大な影響をあたえている。彼ら以外にも、教員や清掃員、警備員や建設労働者など20以上の産業で働く労働者がストライキを実施した。

香港では労働組合の権利が制限されており、ストライキを行う権利も日本ほど広範に保障されていない。労働者らは「病欠」というかたちで一斉に休み、実質的なストライキを行った。このゼネストは、１９６７年以来のものだと言われている。

このように、激しい政治紛争に陥ったとき、ほとんど例外なく、世界各国の労働者たちは「ストライキ」によって政府に対する抗議を示している。そして実際にその政治ストは経済を混乱させることで統治自体を困難にし、政府側に譲歩を促すのである。

こう指摘すると、政治ストは政治に対する「不当な圧力」だと思われる方もいるかもしれない。たしかに、政治や選挙は公正に行われるべきであることは間違いない。しかし、実際には経営者はその財力によって政治献金などの方法で政治に直接的に介入しているし、有名大学の教授などはその権威によって政治に介入している。

労働者が「労働力」に基づくデモンストレーションを行うことは、それらに比べて不当なものだとは到底言えない。２０１６年のアメリカの大統領選挙では、トランプ氏の選挙キャンペーンにＳＮＳが活用され、フェイクニュースを拡散させるなどして世論が操作されていたことが問題となっている。[41] 多額の資金による選挙への「介入」と比較すれば、ストライキによる「世論へのアピール」という方法は、むしろ公正な政治的手段ではないだろうか。

中国、すさまじい勢いの「ストライキ」

最後に香港の対岸、中国のストライキについても触れておきたい。政府が市民の自由を圧迫し、言論の自由さえも脅かされている中国では、ストライキは存在しないと考える人もいるかもしれない。しかし、日本をはるかに超える規模で、ストライキが行われている。厳しい政治体制のもとでも、「労働力をコントロールする」というストライキの力は、息づき、まさに爆発しているのである。

中国は世界の工場と呼ばれているように、iPhoneなどのスマホからユニクロの洋服までさまざまなブランドの製品を作る工場が多数あり、そういった工場で「農民工」と呼ばれる農村からの出稼ぎ労働者が多く働いている。しかし、彼らは賃金の遅配や未払い、不当解雇、工場移転による突然の閉鎖、労災など、さまざまな労働問題に直面し、改善を求めるストライキを頻発させている。

中国では国家公認の労働組合しか合法的に認められていないので公式なストライキはほ

とんどないが、労働NGOの統計によれば、2018年には1年間で1706件におよぶストライキが発生した。2015年にはなんと2774件のストライキが確認されており、ここ数年間は毎年1000件以上起こっている。[42] 産業別に見ると45パーセントは建設業だが、ほかにも製造業（16パーセント）や運輸業（16パーセント）、サービス・小売業（16パーセント）でもストライキが起こったことがわかっている。

中国でも広がるフードデリバリーサービスの個人宅配員らが、燃油価格の高騰や恣意的な罰金に反対してストライキを行ったり、学校の教員がストライキに突入したりするなど、単に製造業だけにとどまってはいない。もはや、「ストライキラッシュ」といってさえよい状況だ。

地域別に見ても、権利意識に目覚めているとされる沿岸部の工場だけでなく、中国全域でストライキが起こっている。要求の多くは賃金に関係するが、年金などの社会保障の企業負担部の適切な支払いや、労働者の解雇といったさまざまな問題に抗議している。

ちなみに、このようなストライキは、政府公認の労働組合が組織しているのではなく、ほとんどが、不満を抱えた労働者らが自然発生的に仕事をボイコットして街頭で抗議行動を行うという性格のものである。

また、ＳＮＳなどのネットを活用した闘いも進んでいる。例えば、２０１４年にナイキやアディダスの製品を作る台湾資本の世界最大のスニーカー工場で、賃上げや社会保障給付金の適切な支払いを求めて労働者４万人が２週間のストライキを行ったというケースだ。これほどにまで大規模なストを実行できたのは、労働者が不満の共有や組織化に成功し、ストライキ中の現状報告にＳＮＳを活用していたことも一因だと言われている。

中国は国による取り締まりが尋常ではなく、民主的な労働組合の設立を求めたり労働者の人権問題に取り組む活動家や学者、人権派弁護士が次々と逮捕、勾留されている。その中でも、労働者があえて「ストライキ」を通じて労働条件の改善に取り組んでいる点は特筆すべきだろう。これも、第1章で解説したとおり、労働者にとって労働力のコントロールが唯一にして最大の交渉資源だからなのだ。

註

1　アメリカ労働省労働統計局
https://www.bls.gov/web/wkstp/annual-listing.htm

2　本章では、特に注目を集めている先進的な事例や、日本にとって示唆が多いと思われる事例をなるべくピックアップするように努めた。そのため、事例が先進国、とりわけ事情の近いアメリカや韓国が多くなっている。両国は公共部門の市場化や非正規雇用に対する規制の弱さ、労使交渉が日本ほどではないにせよ企業別に編成されている点で、日本に近い状況にあるといえる。

3　日本にも産業別の組合運動がないわけではないが、企業別組合の圧倒的な力のもとで存在感を発揮できていない。以前から有力なものに、港湾労組、建設系労組の一部、出版労組の一部などを挙げられるが、港湾労組を除けばいずれも少数にとどまっている。また、第2章で見たように、近年の「職業的」な問題の広がりの中で、ユニオン運動から産別化を模索する動きが出ているが、端緒についたばかりだといえよう。

4　第2章で述べたように、法に反するストライキには損害賠償や刑事罰もありうる。しかし、アメリカなどの先進国を含む各国では、今日でも法律に保護されないストライキが多数行われている。市民社会における「結社の自由」の論理は、どのような行動が法的に保護されるかという労働法（社会権）の論理に先だつのである。

5　台湾の労組の歴史や制度については、邱毓斌「台湾労働組合が直面している挑戦」『年報公共政策学』7号（2013年）が詳しい。

6　韓国の労組の歴史や制度については、以下を参照した。安熙卓「韓国の労働組合と経営者団体」『九州産業大学経営学会経営学論集』（2019年）、相田利雄「韓国金属産業における労使関係—企業別組合から産業別組合へ転換」『大原社会問題研究所雑誌』576号（2006年）、呉学殊「韓国『産別転換運動』から学ぶ　非正規処遇改善に大きな効果」
http://ictj-report.joho.or.jp/1610/sp06.html

7　エバー航空のストライキについては、オンラインサイト Labor Notes および New Bloom を参照した。例えば、Taiwan Flight Attendant Strikers Call for Solidarity (https://labornotes.org/blogs/2019/07/taiwan-flight-attendant-strikers-call-solidarity)や、EVA Flight Attendants' Strike Comes to an End (https://newbloommag.net/2019/07/07/eva-strike-ends/) など。

8　「チャータースクール」とは、学区から運営費を受け取り実際の運営を民間企業が行う公設民営学校のこと。

「教育バウチャー制度」とは、学費分のバウチャー券（クーポン券）を各生徒に配付することで生徒自身が学区を超えて自由に学校を選択できる制度。

9 Eric Blanc, *Red State Revolt: The Teachers' Strike Wave and Working-Class Politics*, Verso, 2019.

10 翌2019年3月、州政府は再度チャータースクールの新設に必要な法案を議会に提出。スクールバスドライバーを含めた教職員が反対してストライキに突入したが、6月に法案が採択され、2023年までに州内で3校のチャータースクールが作られる予定になっている。

11 Chicago Teachers Union.（https://www.ctulocal1.org/）

12 シカゴでは過去に何度も教員のストライキが行われてきた。2012年には公立学校教職員が労働条件の改善を求めてストライキを行った。また、2018年には、株式会社の設置するチャータースクールの教員らがストライキをしている。彼らが労働条件の改善だけでなく、地域のあり方そのものを問う要求を掲げていたことは強調しておきたい。2018年のアセロ社のチャータースクールのケースでは、550人の教員らが5日間のストライキを実行した。チャータースクールは利潤追求が目的なので、こうした民間企業に雇用される教員の給料は低く抑えられており、アセロ社では公立学校教員より約3割低かった。アセロ社が教育委員会から受け取る運営費が、公立学校のそれより生徒1人あたり8パーセント多いにもかかわらず、である。そのため教員らは、公立学校教員と同じ水準となる同一労働同一賃金原則の確立、教員1人あたりの生徒数の削減、特別教育の拡充、補助教員の労働条件の改善を要求し、さらに移民労働者の子どもを守るために連邦政府の移民取り締まり機関の学校への介入を拒否するよう求めたのである。これらはすべて教育の質の問題や地域コミュニティーの抱える課題に密接に関係している。彼らは生徒を教えることを通じて地域社会の抱える課題に敏感になっており、よりよい教育を提供するという観点から彼らが取り組んできたことは、近年の労働運動の新しい傾向をとらえるうえでも非常に示唆的である。

13 https://www.bargainingforthecommongood.org/about/

14 http://www.labornetjp.org/news/2020/0201us

15 Care workers strike against pay cuts
https://www.unison.org.uk/news/article/2018/06/care-strike/

16 Care workers strike against plans to cut hours which would 'bring them below the poverty line'
https://www.birminghammail.co.uk/news/midlands-news/care-workers-strike-against-plans-14972625

“France : Health Workers strike for Better Health”
https://publicservices.international/resources/news/france-health-workers-strike-for-better-health?id=10412&lang=en

17 韓国の放送局のストライキは以下を参照。玄武岩「韓国公営放送、最後のストライキ」『世界』902号（2017年12月）、徐台教「政治介入に抗う韓国の公営放送……MBCは『勝利』もKBSはハンストに突入」
https://news.yahoo.co.jp/byline/seodaegyo/20171211-00079188/

18 2008年、韓米自由貿易協定（FTA）に反対する大規模集会「ろうそくデモ」のきっかけは、MBCがBSE問題を取り上げたことだったが、政府はディレクターらを逮捕するなどメディアに対する圧力を強めた。その後も公営放送2社に対して、事前に放送内容に介入したり、「公営放送の正常化」を要求する番組制作担当者を左遷したりするなどして、メディアの自主性を制限していったといわれる。労働組合は2012年にも170日にもおよぶストライキで対抗している。

19 2017年のOECDのデータでは、韓国の女性の賃金は男性のわずか63パーセントにとどまり、2015年、女性家族部の調査では8割の女性労働者が職場でセクハラの被害に遭ったことがあると回答している。

20 ノルマの廃止が要求として掲げられたのは、訪問ノルマが過多なことで労働者は訪問先によるセクハラがあっても、その場で通報や抗議をするのではなく、できるだけ早く点検を終えてやり過ごすことを余儀なくされていたからである。蔚山の都市ガスサービス提供企業は、安全点検員1人あたり1カ月で1200世帯を割り当て、その97パーセントの世帯を訪問することをノルマとしており、達成率が1パーセント減るごとに月収から5万ウォンずつ引かれる賃金体系になっていた。留守のときは何度も顧客の家を訪問することになり、夜間や休日も働かざるをえなかった。できるだけ早く点検を終えるために、訪問先の客が下着姿でドアを開けたり、身体を触ったりしても、やり過ごすしかなかったのである。

21 韓国のこの事案については、以下のサイトを参照した。レイバーネット「性暴力に負けない方法を学んだ124日間のストライキ」
http://www.labornetjp.org/worldnews/korea/workers/2019/20191001

22 Google employees and contractors participate in global “walkout for real change”
https://medium.com/@GoogleWalkout/google-employees-and-contractors-participate-in-global-walkout-for-real-change-389c65517843

23　German pilots refuse to carry out deportations
https://www.usatoday.com/story/news/world/2017/12/04/german-pilots-refuse-carry-out-deportations/918496001/

24　Amazon Employees for Climate Justice
https://medium.com/@amazonemployeesclimatejustice

25　アマゾンの労働者は会社側の対策で満足しなかった。そもそもパリ協定に従っても気候変動を防ぐことができないことが科学的に証明されており、一企業を超えた取り組みが必要だと考えたからだ。彼らは「労働者の力でこのような勝利を勝ち取れたことは大きな成果であるが、この対策ではまだ不十分だ。明日は未来のために街頭に出て闘いを続ける」との声明を発表し、予定どおりストライキを実施した。

26　ＩＴ労働者による取り組みは Tech Workers Coalition (https://techworkerscoalition.org/climate-strike/) が詳細を紹介している。

27　日本の場合には「階層化」と書き、世界の「下層化」と区別したのには、次のような理由がある。欧米では昇進が限られるブルーカラー（労働者）とホワイトカラーが区別され、労働組合は基本的にブルーカラーを組織する。産別組織では、「同じ仕事（産業）の労働者」が連帯し、同水準の賃金を要求している。つまり、ブルーカラーは基本的に同じ職種の中でしか昇進できず、ホワイトカラーとは明白に階層が分かれている。ホワイトカラーとブルーカラーはそもそも「階級」が違うという分析もあるほどであり、欧米のストライキははじめから「階層的」なのだ。とはいえ、欧米のブルーカラーは決して「下層」ではない。むしろ、戦後の労働運動の中で、ストライキによって「中流」の座を勝ち取ってきたのである。これに対し、日本ではそうした区別は希薄で、階層的なアイデンティティはない。会社員としてのアイデンティティしかなく、その中で、男性の多くが年功賃金をもらうことで、階層意識は消失し、「一億総中流」意識が形成された。したがって日本での、従来の年功賃金の会社員から排除された非正規雇用や時給労働者たちの「階層化」は新しい現象といえる。そこには欧米とは異なり、「階層化」と「下層化」の要素が同時に含まれているのである。この点は第2章で述べたように、労働運動が「階層」の連帯意識をもつことでより強くなるという観点から重要だ。日本でストライキがほとんど生じない理由のひとつに「一億総中流意識」から生じる労働運動への忌避感がある。階層的な意識の形成は、日本でストライキがやりやすくなるうえで、非常に重要なファクターなのである。

28 UCLA Labor Center.
https://www.labor.ucla.edu/what-we-do/research-tools/campaigns-and-research/justice-for-janitors/

29 David Rolf, *The Fight for $15: The Right Wage for a Working America* The New Press, 2016.

30 Fight for $15（https://fightfor15.org/）

31 第2章でも述べたように、ストライキは本来的に社会的なものであるということは注意しておきたい。第4章で述べるが、20世紀に社会的とはいえない特殊なユニオニズムが主流となり、これを変革する文脈で「社会運動ユニオニズム」が叫ばれるようになった。

32 Uber and Lyft drivers strike nationwide for better pay, transparency
https://huntnewsnu.com/59266/city-pulse/uber-and-lyft-drivers-strike-nationwide-for-better-pay-transparency/
Uber and Lyft drivers strike for pay transparency after algorithms made it harder to understand
https://www.washingtonpost.com/technology/2019/05/08/uber-lyft-drivers-strike-pay-transparency-after-algorithms-made-it-harder-understand/?arc404=true
また、ある調査によれば、ウーバーは客の支払う利用料の3分の1を手数料として天引きしていると推計され、ドライバーは自己負担である車両維持費や社会保険料、税金の支払いなどを差し引くと、実質的な時給は平均して9・21ドルで、アメリカの多くの州や自治体（シカゴ、ロサンゼルス、ニューヨーク）の最低賃金を下回っていることがわかっている。
Uber and the labor market: Uber drivers' compensation, wages, and the scale of Uber and the gig economy
https://www.epi.org/publication/uber-and-the-labor-market-uber-drivers-compensation-wages-and-the-scale-of-uber-and-the-gig-economy/

33 Rideshare Drivers United.（https://drivers-united.org/）

34 最低時給27・86ドルは、２０１９年1月からニューヨーク市が市内の配車アプリドライバーに対し税引前の時給で27・86ドルの支払いをウーバーなどプラットフォーム運営企業に義務付けたことに基づき計算されている。

35 Strike 2.0 : how gig economy workers are using tech to fight back
https://www.theguardian.com/books/2019/aug/31/the-new-resistance-how-gig-economy-workers-are-fighting-back

36 GMで起こったストライキについては、主にLabor

Notes を参照した。例えば What's Behind GM's Hardball Stance vs. UAW?

https://www.labornotes.org/blogs/2019/10/whats-behind-gms-hardball-stance-vs-uaw

37　この協約では、これまでの「ティア１」と呼ばれる時給31ドルで企業年金や保険といった福利厚生が保証されている正社員に加えて、無期雇用だが時給が正社員の半分（15ドル）で昇給や年金がない「ティア２」層や、有期雇用で「無期臨時工」（permatemps）と呼ばれるものの、職場の中心的な業務を担い、６〜７年間契約更新されている人もいる時給15ドルの労働者層、さらにその下にはＧＭ工場で働く構内下請け労働者といった、さまざまな雇用形態が認められることになった。そのため、これまではＧＭに直接雇用されていた工場の清掃員の仕事が派遣におきかえられ、自動車製造ラインの労働者も「ティア２」や「無期臨時工」（全労働者の７パーセント）への代替が進んでいった。

38　国家は激しい弾圧で対抗し、２０１９年12月時点で死者20人以上、負傷者数千人の事態になっているが、まだ終わりは見えていない。同じような抗議デモはアルゼンチンやエクアドル、コロンビアなどほかの南米諸国でも発生している。

39　この法律は、中国、マカオ、台湾からの要請に基づいて、香港からこれらの国々に刑事事件容疑者の身柄引き渡しを可能にするものだ。

40　人々の反発に危機感を抱いた香港政府は法案審議の延期を発表したが、人々は６月16日に参加者数２００万人の抗議行動を通じて、法案の完全撤回など「五大要求」を掲げてデモを行った。政府側は警察を動員し、１０００発以上の催涙弾やゴム弾、実弾までも発射して鎮圧を図り、数百人を逮捕した。

41　実際、トランプ氏が当選した２０１６年のアメリカ大統領選挙では、フェイスブックから不正に収集された個人データを用いて、特定の個人やグループを狙い撃ちにするフェイスブック広告を流していたという強い疑いがトランプ陣営にかけられている。最大で８７００万人の利用者データを不正入手したイギリスの選挙コンサルティング企業、ケンブリッジ・アナリティカ社は、２０１６年のブレクジットをめぐるイギリスの国民投票では離脱派の、そして２０１６年大統領選ではトランプ陣営のコンサルを行っており、このようなマイクロターゲッティングと呼ばれる行動履歴データに基づいた個別宣伝（その中には嘘の情報や対立候補者の誹謗中傷も含まれていた）が選挙結果を実際に左右したと言われている。

42　China Labour Bulletin, "Strike Map"（https://clb.org.hk/）

第4章

資本主義経済の変化と未来のストライキ

1889年のロンドンドックのストライキ。ストライキとデモ行進で、世論の支持を集めた　Alamy/PPS通信社

第2章、第3章では、日本を含め世界の労働運動やストライキが大きく変貌してきたことを概観した。第4章では、なぜ今ストライキの変化が生じているのかを、経済構造の変化をふまえながら、改めて考えていきたい。

今回、「新しいストライキ」に目を配ることで気づかされるのは、実は、20世紀の労働運動は「特殊な一時代」の「特殊な労働運動」に過ぎなかったのではないか、ということだ。言い換えれば、19世紀の労働運動から、20世紀に何が変化したのか、何が忘れ去られたのかを考えることで、未来を見通すヒントがあるはずだ。

本章では、ストライキが20世紀にどのように変化したのか、そして、現在起きている経済成長の行き詰まりと、サービス業化、地球環境問題の深刻化、さらにシェアリングエコノミーの拡大といった「経済社会の変化」が、未来のストライキをどう変えるのかを展望しよう(1)。

20世紀型の労働運動

結論からいえば、「20世紀型労働運動」は、ストライキに欠かすことのできないふたつの要素が分離し、一方が他方を覆い尽くしたことに特徴付けられる。ふたつの要素のひとつとは、労働内容に対する「質の確保と自主性・自律性の防衛」である。もうひとつは、「労働市場のコントロール」、言い換えれば賃金の維持・上昇である。

19世紀までは、仕事の質や労働に対する自主性を守ることと、自分たちの待遇を守ることとは直接的に結びついていた。仕事のやり方に経営者から口を出させないこと（その分、労働の「質」は守る）と、仕事に見合った賃金を要求することは、密接不可分だった。「よい仕事をするから、仕事のやり方にはあれこれ言うな。そしてちゃんと給料は出してくれ」ということだ。ストライキはその両方をめぐって行われたのである。

ところが、機械化が進むと同時に、経営者がなるべく安い低技能労働者を好んで用いるようになっていく。そのなかで、ストライキの性質は、労働の質を守るところから次第に離れ、労働市場のコントロール＝賃金問題に傾いていった。つまり、「言われた分は仕事をやるから、給料は出してくれよな」という態度に傾斜したということだ。

もちろん、後述するように、それでも仕事の質は賃金の根拠でもあるから、完全に切り離されてきたわけではない。だが、賃金問題の比重はどんどん上がっていき、やがて一部の労働組合は、社会から「拝金主義者」のようにみなされていく。それが「20世紀型労働運動」のたどった道だった。

その最大の特徴は「企業の生産性と賃金の取引」が労使交渉の中心に置かれていることだ。簡単にいうと、社員は企業の競争力向上に協力し、それによって生じた利益の分け前にあずかるということである。このような特徴は、後述するようにとりわけ戦後の日米に顕著であった。

「企業の生産性への協力」と聞くと、当たり前に思われるかもしれない。だが、20世紀以前には、このような考えは決して当たり前ではなかった。そもそも、仕事は「企業のためにする」ものではなかったし、仕事の仕方も「企業ごと」には決まっていなかった。20世紀になると、労働組合は仕事の仕方や職業のあり方に対する規制力を失っていき、生産過程の「主人公」は労働者から企業へと変わってしまったのである。

その過程では、もうひとつの重大な変化が生じていた。企業の利益と労働組合の利益が一体化し、労働組合が企業間の競争に巻き込まれるようになっていったのだ。労働者は企業からの「分け前」を求めて、企業のために積極的に仕事のやり方を変えるようになった。それが、「企業の生産性に貢献する」（「社会の」ではないことに注意！）ということだ。この企業との利害の一致と企業間競争への動員が労働者の「仕事の質」への主体的関与を薄め、「企業の生産性」の追求へと誘導した。

　ここで注意しなければならないのは、「仕事の質を守る」ことと「企業の生産性を高めること」は決して同じではないということだ。いくら生産効率が高くとも、労働災害、過労死・過労鬱を生み出す劣悪企業は社会悪だということになるし、アジアの児童労働を利用したブランド製品が、いかに安く高品質でも「高い生産性」を備えているとは言えない。そして、地球環境を破壊し続けるような企業の生産活動は、結果的に人類に豊かさをもたらさないことも明らかだ。「企業の生産性」を上げることと、社会全体の「豊かさ」が増すことは必ずしも一致しないのである。[2]

　実際に、企業内労働組合は、程度の差はあるが、自社が公害を引きおこしたり人権侵害を引きおこしても等閑視し、問題化しないように協力さえしてきた。過労死が蔓延しても、遺族が訴訟を起こさないように圧迫する役割も果たした。

特にこの30年ほどは、経済成長の行き詰まりを背景として、利益の分配のあり方も歪《ゆが》みを増した。非正規雇用を増やして低賃金で働かせれば、「企業の生産性」は増大し、正社員の賃金原資を確保することができる。非正規雇用や下請け企業の労働者を差別することで得られる「利益」を、正規雇用の組合員たちが分かち合うという構図が色濃くなっていた。(3)

このように、自社の利益に貢献し、その分、(正社員)労働者の賃金を守る。これが、残念ながら現代日本の労働運動のスタンダードであり、20世紀型のストライキの論理が行きついてしまった先である。(4)

何が変化したのか?

このような特徴を克服する「21世紀型の労働運動」の模索が必要であることは明らかだろう。経済社会の急激な変化は、ますます労働運動の変化の必要性を高めている。

まず、21世紀の先進国では、経済成長が行き詰まっており、もはや利益を分かち合う構図は失効している。それどころか、多くの企業の利益は過労死・非正規雇用の増加によって支えられてしまっている。

また、そもそも企業にとっての「生産性」の向上になじまないケア・サービス労働が経済の中心となることで、労働はその「社会性」がより重要になってきている。さらに、公害や気候変動が取り返しのつかない社会問題としてクローズアップされ、もはや、これ以上の経済成長とその「分け前」ばかりを追求する労働運動は支持されにくい(5)。

そして、情報技術の進展で、企業や雇用を前提としない新しい労働が登場し、経済のあり方を根底から揺るがしている。実は、これらはすべて、労働の「質」と「自律性」にかかわる問題であり、「20世紀型労働組合」が関与を弱めてきた領域なのだ。

では、20世紀以前のストライキは何が違ったのだろうか？　そしてそれは、21世紀の課題にどんな示唆をあたえているのだろうか？

「質」が武器だった労働運動

18世紀までの労働組合は、熟練した職人たちが労働市場をコントロールしていた。それは、熟練労働者しか「もの」を作れなかったからできた自主的な規制である。例えば、靴を作るためには、皮をなめし、型をとり、実際に加工をし、仕上げるといった一連の作業に非常に高度な熟練した技術を要する。そして、技術をもった職人は、国家や企業ではなく、同じ職人である親方が育成していた。仕事の技術を労働組合側が掌握していたということ、これが最大のポイントである。

親方は同職組合に所属し、一定の技術が認められた存在で、徒弟を設けることが許された。この徒弟制度の下では、誰もが勝手に技術を学び、働くことができるわけではない。イギリスの場合、親方のもとで5年ないし7年間修業をし、技能が認められた職人だけが同職組合に加入することが許された。そして、同職組合は、技能が認められた職人以外を雇った企業からは一斉に仕事を引き上げる（ストライキの原理）ことで、企業側に同職組合が質を保証する職人以外を雇えないようにしていた。つまり、この徒弟制度によって、労働力の「質」と「供給」がコントロールされていたのである。

また、同職組合は、労働力の地域間の需給のコントロールも行っていた。ある地域で職人が過剰になり、賃金が下落しそうなときには、同職組合がほかの地域へ遍歴することを支援し、地域労働市場の需給関係が労働者に有利に働くようにしていた。

このように、ストライキの原理がそもそも強力に作動していたのは、労働者の側に技術に対する知識があり、技能養成の仕組みが整えられていたからだ。企業の側は、自分たちで生産を行う知識・技能はもっておらず、同職組合から腕のいい職人を見つけて「働いてもらう」という立場だったのである。

ここで特に重視したいのは、労働者たちが自身の労働条件だけではなく、労働の「仕方」に自発的にかかわり、その「質」を保証していたということだ。ある一定以上の水準の能力をもった労働者以外はその職に就かせず、その代わり賃金もそれに見合ったものでなければ働かない。そこにはすでに、「21世紀型労働運動」の特徴である、職業と社会との関係が明瞭に刻印されている。

機械の登場と労働者の熟練

だが、やがてこのような労働の質と賃金規制の論理は分離していく。18世紀後半から19世紀初頭は産業革命によって、労働過程に機械が導入された時代である。

機械が登場することで、仕事の仕方は劇的に変わった。それまで完成品を作る一貫した工程を担っていた労働者の業務は、次第に分割・細分化されていった。ひとつの完成品を作るのではなく、部分を取り出した工程が広がった。具体的には皮をなめすだけを繰り返すといった具合だ。作業の仕方も機械が主役となり、労働者はその操作がメインになっていく。こうして労働者自身が仕事の仕方を決め、職人を育てるという条件は崩れていく。

それでも、労働者の熟練や質との結びつきは、簡単には喪失しなかった。むしろ産業革命期の19世紀の半ばは職業別組合の全盛期でさえある。イギリスでは1851年に結成された「合同機械工組合」が巨大な規模に達し、彼らの労働条件は「中流」（いわゆる「労働貴族」）といえるほどに上昇した。親方ともなれば、ジェントルマンである。

彼らの交渉力が下がらなかったのは、機械の製造そのものが職人の手仕事の技術に頼っていたことと、機械のメンテナンスにも熟練した技術が必要だったからだ。機械の登場は新たな熟練を作り出したのだ。さらに、機械を操作する側にも熟練は残り続けている。特に初期の産業機械を操作する労働は複雑であり、専門技術者でもマニュアルどおりにこなすことはできなかった。(6)

つまり、機械設計の専門家にとっても、機械を効率的に運用する方法は「謎」だったのだ。そしてやはり、機械を操作する紡績工の場合にも熟練労働者は労働者たちが育てて送り込んでおり、工場主は賃金の水準を下げにくい状況にあった。彼らが不当な低賃金を押しつけようとすれば、すぐさま熟練に依拠した強力なストライキの原理が発動することだろう。労働者たちは、産業革命後も意識的に技能を「自分たちのもの」にし、ストライキの原理によって、これを労働市場での交渉力に転化していたのだ。

なお、徹底的に管理された今日の日本の工場でさえ、労働者がどうしているのか会社側にはよくわからない場合がある。マニュアルどおりに操作しても、ベルトコンベアの作業スピードについていけないのだ。労働者はそれぞれがなんとか工夫してそれを乗り切っているだけで、そのやり方は厳密には会社側は知らないという場合も少なくない(7)。

その上、機械の改良そのものも労働者によって行われていた。特に工場労働の初期には、大学の工学部の受講者の多くは職人であり、数学的知識をもち、それを応用していたほどだ。蒸気機関の改良はほとんどが職人の手によって行われていたのである。

19世紀に入ると徒弟制度はだんだんと弛緩してしまっていたが、相変わらず熟練の育成には労働組合が深くかかわっていた。さらに時代が下り、19世紀末になると、熟練労働者を中心とした同職組合はその存立基盤を失い、以前のような交渉力はなくしていった。不熟練の低賃金労働者たちが社会に溢《あふ》れ、貧困が社会問題になっていったのである。

ここで、第2章で述べたように、ストライキはバージョンアップを遂げる。個別企業との直接交渉とストライキの実施、さらに貧困問題を訴えてデモンストレーションをも行うようになったのである。ただし、そのとき中心となったガス工の労働者たちは、やはり、まだまだ熟練が残っていた労働者たちだった。彼らは自分たちの仕事に対する能力をてこにして交渉しつつ、貧困層を巻き込んだデモンストレーションを展開し、新しい下層労働者たちの運動を作り出していった。体系的な社会福祉制度が整えられていったのもこの時期だ。

このように、19世紀の機械化のなかにあっても、労働者たちは熟練と賃金を結びつけるストライキの戦術を展開していたのだ(8)。

「労働の衰退」

だが、この関係は20世紀初頭にかけて、決定的な局面にさしかかる。労働者に生産のノウハウを握られている限りは、せっかく機械を導入して労働を単純化しても、決定的に賃金を引き下げることができないし、作業の「効率」を最大限に引き出すことができないと、企業側は気づいていたからである。

企業が市場で勝ち残り、利益を増大させるためには、労働者の賃金は低いほうがよい。しかも、機械を利用するスピードを最大化するように、労働の強度を全開にしなければならない。だが、労働者が自分たちで仕事について知っていて、自分の頭で機械を操っている限りはそうはならない。作業のスピードも、管理者の知らないところで身体の限界に合わせて緩くされてしまう。実際に、労働者は限界よりもずっと緩いスピードを使用者に伝えていた。労働者にとっては健康と仕事を守るための手段だったが、経営者からしたらとんでもない「サボり」に見えたことだろう。

したがって、劇的に賃金を引き下げ、身体の限界を超えるような厳しい労働条件を受け入れさせるためには、労働者には何も考えさせず、作業工程を徹底してマニュアル化するしかない。このように企業の経営者が考えても不思議ではなかった。

なお、こう書いたからといって、私が当時の経営者たちを現在の人道的な見地から「糾弾」したいわけではない。これは、社会科学的に見れば、資本主義社会における合理性の産物であったし、今日も貫かれている経済的な制約の帰結なのである。(9)

そして、この「合理性」を体現したのが、フレデリック・テイラーが開発した有名な「科学的管理」である。科学的管理とは、労働者がどのように作業するのか、それを一つ一つ徹底的に細部まで研究し、その作業スピードを秒単位で計測し、身体の限界まで「効率的」に動作することを求める労務管理手法である。20世紀アメリカで誕生し、その後、全世界に普及した（なお、科学的管理を徹底しようとする考え方を「テイラー主義」という）。

20世紀には企業の規模が巨大化し（「大企業」の登場）、大規模な機械が導入され、作業工程はさらに細分化した。それまでの職業は、細分化された多数の「職務」（ジョブ）へ再編されていった。生産方式は、労働者からは切り離された「科学技術」と、これを応用する技術者によって開発されるようになり、全工程が労働者の頭の「外側」で設計されるようになった。

20世紀の大工場でもっとも有名なのが、自動車を初めて大量生産したフォードである。

同社では鉄鉱石を溶かすところから、部品を生産し組み立てるところまで、一貫した工程をベルトコンベア方式で確立した。労働者はその一つ一つの細分化した工程に組み込まれる存在となったのである。

そんな20世紀の工場を風刺したのがチャップリンである。歯車に踊らされる人間を映画『モダン・タイムス』で滑稽に描いた。そこでは人間はもはや自分で考え、ものを作るのではなく、機械に支配され機械のペースに合わせて動く、いわば機械にとっての「手段」に過ぎない存在に成り下がるのである。

このような労働の細分化とマニュアル化、その背後にある労働者からの「知」の剝奪について、著名な労働理論家であるハリー・ブレイヴァマンは「労働の衰退」であると分析し、後世の労働社会学に決定的な影響をあたえている。(10)

20世紀初頭のストライキ

この、科学的管理法の導入期には、世界的にストライキが頻発した。単に労働条件が悪化したからではない。労働者の「交渉力」の本質であった労働に対する知識や自律性を剝奪しようとしたために、歴史上極めて激しい労働争議の時代を迎えたのである。

企業の内部では、公式の労使交渉とは無関係に、作業スピードをコントロールするという駆け引きが行われるようになった。経営者は機械の都合に合わせて頻繁に作業の内容や労働者の配置を変更し、そのたびに労働者たちはストライキをした。

この激しく終わりのないストライキの波は、企業の経営者を次第に追い詰めていった。まだ労働者は技能と知識をある程度もっており、ストライキの威力は十分だったからだ。しかも、大規模工場の経営者側にはアキレス腱《けん》があった。せっかく高価で効率的な機械を導入しても労働者たちが頻繁にストライキを起こしたのでは、巨大な投資に見合う利益を回収できない。下手をすれば一気に経営が傾きかねないのだ。実は、大企業化とベルトコンベア化は、ある面ではストライキに脆弱《ぜいじゃく》な生産体制なのである。これは、2019年のGMがストライキで大損害を被ったのと同じ構図である。

経営者にとって、頻繁にストライキを起こされたのではこまる。そこで、企業内で新しいルール作りをする機運が生まれる。労働者はストライキを武器に、ベルトコンベア化された大工場のなかで、自分たちの労働に対するルール作りを迫っていったのである。

ジョブ・コントロール・ユニオニズム

では、大工場を相手にした労働組合のストライキは、どのようなルール作りを目指したのか。すでに「職業」が解体され、企業のなかで「職務（ジョブ）」に分解していったことに対抗し、労働組合も同職組合から産業別組合へと転換していった。特定の高度な技術をもつかつての「職人」だけを組織するのではなく、細分化された仕事についているすべての労働者を組織する。GMなどの大企業全体を組織し、さらにはその上部に全米自動車労組（UAW）が組織されるといった具合だ。

狭い職業の枠を超えて、大工場全体の仕事を問題にする。同時に、企業を超えた産業全体で、新たに細かくなってしまった「職務」の賃金を交渉しようとしたのである。

その戦略が、「職務（ジョブ）の格付け」である。経営者が職業を細分化して作り出した「職務」に対し、労組側も意見をし、その評価や作業内容やスピードについて改善しようとしたのだ。産業別組合は、頻繁に行われるストライキの圧力をテコに、労使のあいだで交渉できる関係を作り、経営者が守るべき規則を定めようとした。

まず、職務の範囲を確定する。一人当たりの仕事の担当範囲を明確にするのだ。その上で、複数の職務をそれぞれ難易度や負担の重さに従って格付けし、賃金を決める仕組みを作る（同一労働同一賃金）。新人は一番下位の職務が割り当てられるが、上位の仕事に空きが出れば移動することができる。よい仕事をめぐって労働者間で賃下げ競争が起こらないように、順番に昇進する「先任権」を会社側に約束させる。このように、労組は「対外的独占」（仕事の範囲＝職務の確定）と「対内的な平等」（同一労働同一賃金、昇進制度）によって労働者間競争を予防したのである。

これらの取り決めが破られるようなことがあると、即座に労働者はストライキで攻撃した（実際には労働組合が決めた取り決めにすら不満をもち、ストが打たれることもしばしばあった）。このような職務の決定とその評価、そしてその人員配置を交渉する方式は、「ジョブ・コントロール・ユニオニズム」と呼ばれる。

逆説的な「経営参加」

産業別組合は職務の内容に対して交渉と妥協、合意をするのだが、これが、非常に逆説的な結果になった。産業別組合のルール作りによって、それまでの不熟練労働者の待遇は一気に改善していった一方で、個別企業との交渉は、労働者たちを企業の経営論理に巻き込み、従属させていったからである。

組合員たちは、賃金や身分の保障と引き換えに、自分の秘めている操作技術を社内の後進に教え、全体の生産性向上に協力することが求められるようになった。逆に企業からの「見返り」を期待して、業務内容の「改善」を労働組合の側から提案することもあった。

このような「労使協調」は、経営者側は生産性の向上を、労働者側はその企業の利益の分け前を得るという、あの「20世紀型」の構図を作り出していったのである。これは当時、「産業民主制」の確立とも言われた。

一見すると産業民主制は、労使双方に利益のあるいわゆる「win−win」の関係のようにも見える。だが、労働組合の存立基盤の側から見れば、それほど構図は単純ではなかった。労働者たちは、企業間の競争に巻き込まれていき、労働者が自ら率先して、労働強化の手段を経営者に教えることもあったからである。

なにより重大だったのは、労働組合が科学的管理に協力するケースも見られたことである。労働者たちは自分たちの強みである「知」を率先して売り渡してしまうというパラドックスに陥っていった。この状況が続けば、結局は労働者の交渉力はなくなり、また元の一方的な支配が、今度は労働側に対抗手段がないなかで戻ってきてしまう。いわば労働者は企業への「従属」を売り物にして、つかの間の対価を得たわけである。

それでもやはり、当時の産業民主制は両義的といえた。この20世紀型の労使関係の成立は間違いなく労働者間の格差を縮小したし、当初は、労働者による生産への主体性＝「自主管理」が重大な争点でもあったからである。それは「ワーカーズ・コントロール」と呼ばれ、単に利益の分け前を得るだけではなく、労働者自身が経営に参画していくことを意味していた。

実際に、「賃上げ」の論理は必ずしも生産性向上に規定されていたわけではない。すでに述べたように、労働組合の賃金決定の論理は、労働者間の競争を抑制し、使用者に「仕事の格付け」を迫るものだったからだ。また、「産業民主制」も本来は労使の対等決定の実現を意味する言葉である。

つまり、20世紀初頭の労働組合は、一方で経営者による科学的管理を労働者に浸透させ、その一方では労働者に幅広い賃金上昇と職務内容の決定への参与を限定的ながら認めるという微妙なバランスの上に成立していた。この緊張した構図は、現在でも欧州の産業別組合に見ることができる。

しかし、それにもかかわらず、20世紀半ば以降、「生産性と賃金」の交渉は、労働運動の「中心」を占めるようになった。それは、テイラー主義による生産性の上昇と産別労使交渉による賃金分配は、「大量生産・大量消費」の循環を実現し、高度経済成長をもたらしたからである。労働者は賃上げと「大衆消費社会」の確立のなかで、生産への関与を剝奪されていったのだ。このような「テイラー主義（生産性の上昇）→労働者の抵抗→高賃金（妥協・同意）→大量消費→大量生産→経済成長・雇用の増加」の循環によって、労働者の過酷な労働への同意を取り付けるような生産体制のあり方は、「フォーディズム」と呼ばれる。

科学的管理は労働の支配を生む

フォーディズム型ユニオニズムの「帰結」は決定的だった。20世紀型労働運動の最大の問題は、労働の「主体」そのものを変えてしまったということにあったからだ。そこでは、人間は機械の作動のための「部品」のような存在となった。労働者が自ら生産にかかわるのではなく、機械と知識の体系が、ほとんど一方的に労働者にかかわるという完全に逆転した関係が成立してしまったのである。[11] しかも、それは個別企業の経営側と労働組合が癒着するなかで進行した。

その結果、産業別組合は、社会運動として社会正義を争うような本来のユニオニズムから、賃金制度をめぐる交渉をもっぱら担うような労働組合が主流になっていった。組合は、労働の格付けとこれをめぐるさまざまな苦情処理を請け負うのだが、貧困や公害、差別などといった労働や社会の「あり方」を積極的に問うような組織ではなくなっていった。[12] その上、自社内の格差にさえ寛容になっていった。

２０００年代以後、製造業では、マイクロエレクトロニクス（ＭＥ）や、ＩＴなどの新しいテクノロジーを使って、さらに労働を細分化・マニュアル化している。ある程度の技術や知識を要する正社員は徹底的に絞り込み、いつでも採用できる期間工、派遣労働者を激増させた。徹底した「知識のヒエラルキー」を作り出したのである。非正規労働者を激増させることで、日本社会では「派遣村」と呼ばれる貧困問題も生み出した。2000年代の日本では、より過酷になった「ネオ・テイラー主義」が蔓延している。

その究極の形態が、ウーバーやアマゾンの労働だろう。彼らの労働は完全にAIによって管理・指示され、監督されている。ウーバーの労働者は客への対応が監視され、評価づけられる。すでにアマゾンの労働者は、荷物をピックアップ・梱包《こんぽう》した作業量はもちろんのこと、その間にかかった歩数、経路、生理的な行動のデータまでがすべて装着される機械によって計測され管理されている。そして、あまりに単純な労働力であるがゆえに、日本の派遣労働者やコンビニ労働のように、とても生活できないような賃金で使い捨てられている。その多くには外国人・移民労働者が含まれている。

さらに、第2章で述べたように、ケア労働の現場でも、最小の人数で最大の数の子どもや老人をケアすることで利益を最大化するという構図が現在も貫徹している。イギリスでは訪問介護労働者が分単位で管理され、本来「人間のケア」に必要な業務さえも細分化し、切り捨てられている。(13) 日本でも、限定された介護報酬の「組み合わせ」を機械的にこなすだけのケアマネージメントが本当に正しいのか、疑問が呈されている。そして、これらの業界でもやはり、大量の外国人が働いている。

ケア労働という人間性が重要な業界においても、労働者はもはや、企業が提供したアルゴリズムに一方的に支配され、その労働の「結果」が何を生むのかを考える余地もない。そんな労働が、ケア・サービス業に拡大しているのが現代なのである。

しかも、現代の産業・労働のあり方はかつてなく地球環境を脅かしている。もはや賃金の問題どころか、産業や地球環境の持続可能性が問われる事態となっている。

だからこそ今、「新しいストライキ」が生じているのだ。

市場「外部」からの収奪

そもそも、資本主義社会では、女性の家事労働（アンペイドワーク）や企業が引きおこす公害の被害は経済的に評価されてこなかった。

この構図を理解するのには、ブラック企業問題がわかりやすいだろう。新卒の元気な若者をボロボロになるまで使い潰す企業がある一方で、その労働者が新卒として社会に出るまでには、家庭、地域、学校などでおびただしいほどの「ケア労働」が行われている。とところが、ブラック企業はそうした社会的な労働に対しては一切支払わずに、短期間に労働者を使い潰す。場合によっては過労死させるのだ。もし、若者を育てるこれらのケア労働が企業にとって「有料」であったなら、とてもブラック企業など発生する余地はない。

同じように、企業は利益を上げるために有害物質を垂れ流し（今日の中国に進出した一部の企業を見てほしい）、環境をめちゃくちゃにするような方法で鉱物を格安で手に入れる。環境の再生に途方もない労力のかかるであろう廃棄場が「安価」に建設され、有限な鉱物や森林などの人類の財産が「無償」で収奪されている。[14] 最近の、アメリカにおけるシェールガスの生産はわかりやすい例だろう。地層を破砕し、化学物質を高圧で注入することでガスを採取する工法はそれまで飲めた地下水を半永久的に飲めなくし、人の住める環境を破壊する。だが、開発業者はそれらの生活破壊と環境の復元に責任を負うことはない。だからこそ、化石燃料は自然エネルギーよりも「安く」提供される。

このような「無償」のケア労働や自然物・エネルギーの利用が全面化し、その分労働者の賃金上昇と企業の成長が「調和」した時代が20世紀なのである。

言い換えると、労使協調のフォーディズム型ユニオニズムが成り立つのは、大量生産・

大量消費がいわゆる「高度成長」を実現するような時代であった。テレビ、冷蔵庫、自動車などの耐久消費財が普及していき、これを大量に安く生産し、消費するという経済サイクルである。この高度成長期の経済構造のもとでは、企業は急激に拡大することで利潤を獲得し、労働者に対しても生産性に応じて一定の分け前を渡すことができる。

生産性の上昇と経済成長が何よりも優先される社会では、家族とケア労働の位置づけもより固定的になった。男性労働者は機械の運用に合わせて長時間の過酷労働をし、自らと次世代を再生産するための家事労働に従事することができない。その役割は女性たちが無償で担わされることを労働者たちも当然と考えた。同じように、環境問題は、労働運動にとってはむしろ「やっかいもの」として扱われた。それどころか、戦争さえも、景気をよくするのであれば労働者にとっては福音だと考えられることさえあった。

それでも、経済成長が続いている限りは、フォーディズム体制は（男性）労働者にとって「悪くない選択」に思えた。こうして労働やサービスの「中身」に対する関心は薄れ、製造大企業の生産性向上と賃金分配の論理が労働運動の中心を占めた。そして（特に日本の！）労働運動の中心部が、労働運動とは、自ら企業の生産性向上に協力することを前提とし、その利益の分配を交渉することである、と自己規定した。

こうして労働の質・自律性と賃金交渉という労働運動のふたつの要素は分離し、片方がもう一方を覆い尽くしていったのである。

日本型企業主義と欧米の違い

ここで日本とアメリカ、欧州が、この20世紀型労働運動に対してとったスタンスの違いを明らかにしておく必要があるだろう。

まず、アメリカでは企業内の「職務（ジョブ）」の内容について、実際にはコントロールはできなかったものの、労働組合はその格付けを争っていた。その意味で、あくまでも「仕事の質」と賃金の決定はまったく無関係ではない。また、その「ジョブ」に労働者が平等にアクセスできるべきだとして、労働運動を改革するための運動が盛んに行われ、女性、黒人などマイノリティ差別と闘う運動が根強く存在した。つまり、「ジョブ」は企業の論理を超えて、平等・公正を実現し、差別と闘う武器でもあったのだ。

また、欧州においては、労働組合は企業を超えた産業レベルでの賃金政策に強い影響力を及ぼし続けている。職務を元にした平等は、職務間の賃金格差をも問題にし、ケア労働の価値を引き上げる論理を提供している（同一「価値」労働同一賃金）。ただし、欧州においてもジェンダーやエコロジーの問題に労働組合は当初冷淡だった。1970年代以後、そうした労組の姿勢が社会的に非難されるなかで、その姿勢は変わっていった。

1968年からはじまる世界的な「新しい社会運動」の流行は、労働の在り方に対する主体的な要求運動をも活性化させ、分配主義への鋭い批判を生み出していった。特に欧州各国では、20世紀の後半にはすでに「20世紀型」を乗り越える機運が高まっていた。

もちろん、欧州でも、労働組合は女性差別や移民労働者の賃金格差を完全に是正してはいないし、エコロジー対策でも課題は山積している。しかし、労使関係がより「社会的」なイシューに正面から取り組んできたことは、日米と比べて大きな違いをもっている。

一方の日本では、この20世紀型労働運動の論理が欧米以上に強力に作動していた。産業別組合をもたない日本の労働運動は、「労働の格付け」さえしなかった。労働の格付けが存在しない日本では、「職務」に基づく賃金決定ではなく、「企業にどれだけ貢献しているのか」がもっぱら賃金の基準となった。フルタイムで働け、全国転勤ができ、無限の残業にも耐えられる。そうした「態度」が重視されるのだ。

その結果、企業は広範に「人格評価」をすることができるようになった。この人事考課・査定は企業内労働者の果てしない昇進競争を生み、過労死の源泉になった。また、職務を基準とした報酬ではないということは、平等の基準が確立しないということであり、今日でも大企業と下請け企業、女性、外国人、年齢などによって容易に差別が行われる。20世紀型労働運動の格差是正機能が、はじめから十分に確立されなかったわけだ。

そして何よりも、労働の格付けを行わないことで、労働と職業は完全に切り離され、企業への貢献・従属により報酬を得るという論理しか、労使関係に残さなかった。そのため日本では、「○○社の社員」としてのアイデンティティはあっても、職業人としてのアイデンティティが乏しい。日本において突出して労働運動が弱く、新しい運動の萌芽《ほうが》も乏しいのはこのような事情による。

企業の利益を中心とした日本社会は「企業主義社会」とも呼ばれる。日本では、経営に巻き込まれる力が際立って強く、経営と職業・社会の葛藤という側面は、世界的に見ても例外的なほど衰退してしまったのである。だからこそ、過労死や非正規雇用が企業の「生産性」のための「必要悪」だと考える労働組合が、少なくないのである。

水俣病より公害企業の賃上げ

水俣病《みなまたびょう》を引きおこした新日本窒素肥料（当時。以下、日本窒素）の企業労組は、その典型だろう。同労組は左派系労働組合であり、安保反対闘争はもちろんのこと、始まったばかりの春闘にも参加してストライキを打ち、左派の「優等生」的な存在だった。だが、この企業別労組の労働者たちは、1950年代に自社が垂れ流した水銀が水俣病の原因だという認識をもちながら、患者や漁民の運動に冷淡に接し、場合によっては疎ましく感じさえしていたという。彼らから賠償が求められると自社の利益が圧迫されるからだ。

同社ではむしろ賃金問題が大きな争点となり、日本中の労働組合がこれに注目し、全国から支援団が駆けつけた。全国の左派労働運動にとっても、水俣病よりも賃金問題のほうが重要な問題だと見えていたのである。(15) 水俣病は賃金問題の陰に隠れ、むしろ忌避さえされた。(16) 地域の犠牲を顧みるより賃金上昇を優先した水俣の例のほうが、時代の趨勢《すうせい》となった。日本窒素の事例に限らず、公害企業に関してはほとんど例外なく企業別組合は批判をしなかった。

とはいえ、もちろん職業や社会を問題にする運動は、常に労使交渉のなかに潜在してはいたし、局所的にはそれが争点になることももちろんあった[17]。だが、企業主義社会が、労働運動の大枠を決めてしまっている時代状況では、このような労働運動が「中心」となって、社会を大きく動かすようにはならなかったのである[18]。

「21世紀型」のストライキへ

ここからは、21世紀のあるべき労働運動とストライキの姿について考えていこう。20世紀の「生産性と賃金」の労使交渉を支える構造はもはや変化し、職業的で、社会的で、階層的な、新しい労働運動にシフトせざるをえない。

それは、20世紀の労働運動で衰退した、仕事の「質」と「自律性」が再び焦点化するような労働運動やストライキへの変化である。これから述べていくように、その経済的条件はすでに備わっており、労働組合は新たな「戦略」に乗り出している。

問題の変化

まず、経済の変化から見ていこう。

フォーディズム体制は、1970年代後半になると明らかに行き詰まりを見せてきた。労働者の抵抗だけではなく、消費が行き詰まりを見せ、「大量生産・大量消費」の循環がにぶるようになっていったからだ。消費がにぶれば、大規模投資によって生産性を高め、利潤を上げるという戦略が成り立たなくなる。当然、投資は行き詰まり、資本主義経済が停滞せざるをえない。

企業は利益を確保するために、労働者の賃金を引き下げようとし、非正規雇用が増えていった。また、アジアを新たな投資・消費市場としていったが、これは先進国では国内産業を空洞化させることになった。

その結果、サービス業が拡大するとともに、これまでは家族内の女性を担い手とし、「無償」とされてきた狭義の再生産領域や公共領域を一気に市場化した。外食、小売りチェーン店が拡大するとともに、行政、医療、介護、保育、水道、道路、鉄道、郵便……、あらゆるものが民営化され、投資先となっていったのである。これらの業務の担い手は、やはり低賃金労働者だった。

こうして、これまでのような「生産性と賃金」の交渉枠組みは失効し、給料は下がり、先進国で「下層」が再形成されていくのである。さらに、地球環境問題がそもそも大量生産・大量消費を、より根源的な次元で制約していることがあらわになった。

このような変化を受けて、労働組合は「生産性と賃金」の取引を継続していくことが困難になっている。そこで、第2、第3章で見たように、階層的で、職業的な性格をもち、なおかつ社会性を帯びるようなストライキが増えている。

下層労働者の「ジョブ型運動」へ

日本の労働市場でも、これまでのような「正規と非正規」の分断線から、幅広い「下層労働市場」へと問題がシフトしている。派遣・請負などの製造業の非正規雇用や、事務派遣などだけではなく、サービス業全体の正社員の労働環境が劣悪化している。

そのため、パート・アルバイト、契約・派遣、「ブラック企業」の正社員という一群は、すでに共通の「下層労働市場」を形成している。これに対し、日本型雇用のもとで働く従来のブルーカラー正社員と中核的正社員という一群とのあいだで、新たな分断線が生じている（図1参照）。

この分断線の意味は、「企業の生産性と賃金」の取引が成立しているグループと、していないグループの違いだ。図の左側のグループは職務時間給のもとで働いている「非年功型」のカテゴリー。右側のグループは従来の年功的な職能給のもとで働いているカテゴリーである。

重要なのは外食チェーン店、小売りチェーン店、ケア労働などで働く「ブラック企業」の正社員の位置取りだ。彼らは、外形的には月給制であるため、意識のうえでは日本型雇用のグループに入っている。しかし、制度の実際の性質は職務時間給であり、従来のような終身雇用・年功賃金は望めない。賃金は職務に固定され、企業の業績と連動しておらず、企業はその時給単価をシビアに抑えようとしている。

だが、労働者たちは、意識のうえでは従来の正社員として、「貢献に応じた賃金と待遇」を期待している。たくさん働けば生活が成り立つと思ってしまう。これが長時間労働や過

図1　日本の労働市場の「分断線」

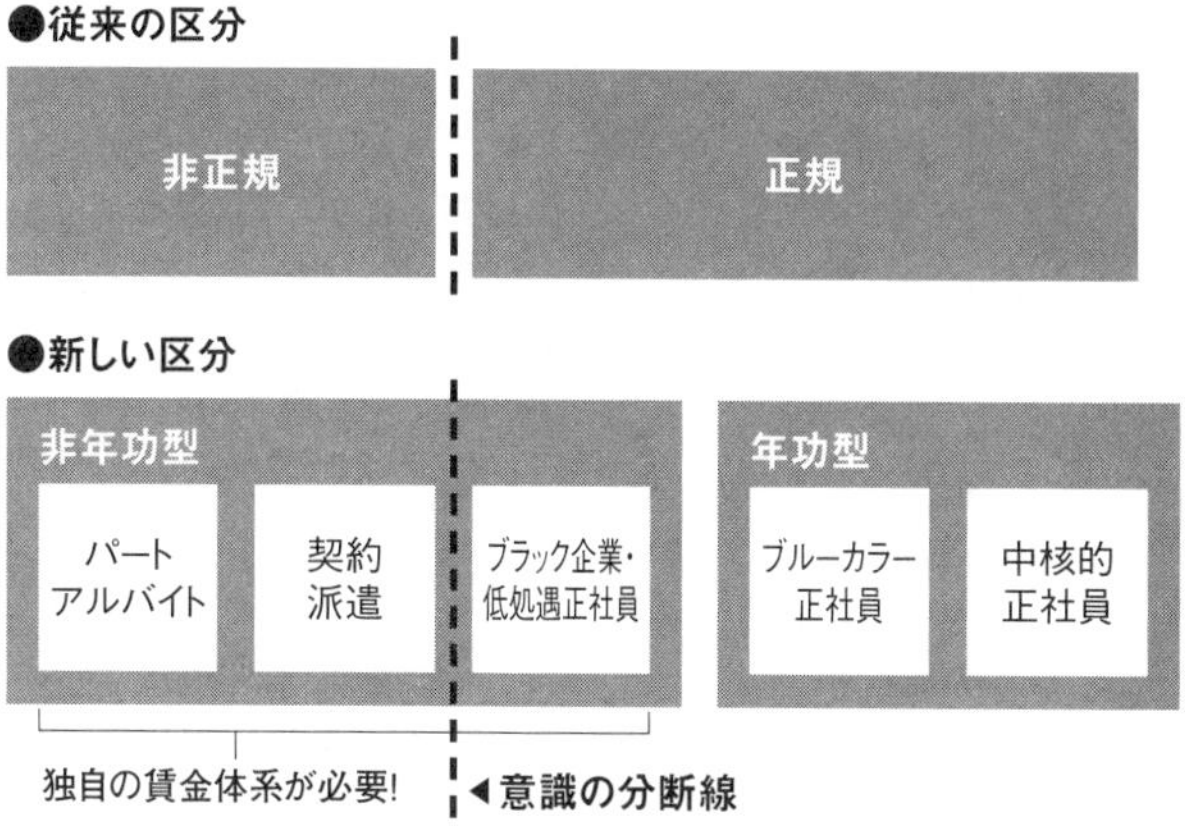

労死の原因になっている。また、年齢を重ねれば残業ができなくなり、簡単に低賃金に転落する。

　まさに、「20世紀（日本）型の論理」と、現実の関係がかみ合っていないのだ。彼らは従来型の労使関係が形成できないために、20世紀型とは異なる、新しい労使交渉の論理を必要としている。

　その論理こそが、正面から「職務（ジョブ）」に基づく賃金を求めることにほかならない。自らの「職務」に対する賃金の水準はどの程度であるべきで、労働時間も何時間までに抑えられるべきか。こうしたことを、共通する職種ごとに求めていくことが、新しい戦略となりうる。このような要求は、賃金決定方式を「企業内的決定」から「企業横断的決定」、あるいは「社会的賃金」へと変更させる戦略である[19]。

日本には実質的な産業別組合と使用者団体が存在しないため、これを制度的な労働協約で決めるにはハードルが高い。しかし、すでに職業の共通性は社会で明らかになっており、労働者からも社会からも認知されている。したがって、その水準の底上げを求めるストライキは、「個別企業の賃上げ」以上に共感と理解を得られるものになると考えられる。

このような知見に立てば、日本でも海外で見られるように、最低賃金の大幅な引き上げを求める大規模なストライキが、今後登場するかもしれない。

「職業の再建」

「下層職種」の待遇を改善するためには、それぞれの仕事の「価値」を社会に承認させることで、賃金の単価を上げていく取り組みが必要だ。いわば「職業の再建」と「職業の社会的評価」の向上である。

とりわけこの争点が明瞭なのはケア労働だ。ケア労働は、すでに述べたように主に女性が家庭内で担い、「無償」で「非生産的」な労働として扱われてきた。その社会的な「価値」の低さは、例えば堀江貴文氏のツイッターでの発言に表れている。「『なんで保育士の給料は低いと思う?』低賃金で負の循環」という朝日新聞デジタルの記事（2017年10月12日）に対して、「誰でもできる仕事だからです」とツイートし、「誰でも（やろうとしたら大抵の人は）出来る（大変かもしれない）仕事だから希少性が低く（コンビニバイトなどと同様に）給料が上がらない構造になっている、がより丁寧な言い方だね」とも述べた。

しかし、保育の仕事は子どもの命にもかかわる。ただ「大変」なだけではなく、高度な専門性を要する要資格業務でもある。実際に、無資格者の多い事業所では死亡事故が多く発生しているのだ。堀江氏の発言は社会のケア労働への無理解を示しており、社会全体の女性労働への差別意識がそのまま表れたかたちだ。この差別意識は、保育士たちを苦しめ、保育離職にまで至らしめることも多い。

ある調査[20]では、「仕事内容のわりに賃金水準が低い」と感じている保育士は47・8パーセント、「保育という仕事に対する社会的評価が低い」と感じている保育士は38・1パーーセントにも上っている。第2章で見たような実情に鑑みれば当然の実感であると言えよう。

これに対し、欧米の労働運動では、「労働の格付け」を通じて、女性たちの職務の価値を引き上げる「同一価値労働同一賃金」を実現してきた。ケア労働をはじめとしたサービス労働に対して、その仕事の負荷、必要とされるスキルなどの「仕事の価値」を評価し、男性を主とする労働との格差を不当なものとして告発してきたのである。

一方で、今日の日本の保育や介護でも、それらが社会に不可欠な労働であることは多くの人が承知している。そして、それらの労働の「質」を維持するためには、一定以上の労働条件が不可欠であることも、ようやく理解されるようになってきた。

それは何よりも、「一斉退職」という労働力のコントロール（意識性が不十分とはいえ）によって、社会に職業の価値を認めさせるようなデモンストレーションを行ってきたからだ。「一斉退職」によって多大な影響が出ることで幾度も社会問題となり、保育士の待遇の低さは今や社会問題となっている。このように、職業の価値を社会的に表現することができれば、個別の企業の枠を超え、社会的な評価を高めることで待遇を改善することにつながる可能性がある。

同じようなデモンストレーションは、コンビニオーナーであれ、飲食店の店長であれ可能なはずである。実際に、コンビニ店の24時間営業の拒否は、まさに消費生活を支えるコンビニ労働者（オーナーを含む）のあり方を社会に問うかたちとなった。

「やりがいの搾取」から「連帯」へ

このような「職業の再建」という戦略が成功するためのさらに重要なポイントは、消費者や市民団体との結合である。それは具体的な労使交渉はもちろんのこと、広い意味での「社会性」をいかに表現し、多くの支持を得るかということでもある。

この点に関連して、「やりがいの搾取」という言葉を聞いたことがある読者も多いことだろう。「やりがいの搾取」とは、労働者のやりがいを悪用して本来支払うべき賃金などを免れることだが、多くの場合「顧客への責任感」が重要な役割を果たしている。「子どものため」、「患者のため」、「お客様のため」に滅私奉公させられてしまう。

消費者との連帯を形成することで、この「やりがいの搾取」から、「社会性とやりがいの獲得」という逆の流れを作り出すことが、21世紀型ストライキの成功のカギとなる。

労働社会学者の鈴木和雄氏によれば、利用者（顧客）と使用者（管理者）、そして労働者の「三極関係」は、図2のように次の三つのパターンをとりうる[21]。

①は労働者と顧客が連帯して、サービスの質の改善を求めるような場合を示している。ストライキが成功するのは、このパターンに合致した場合である。

対して、②は労働者が顧客の要望に従属することで、管理者（企業）の支配を強く受けている。教育や保育の現場でいえば、「子どものためにサービス残業は当たり前」と無理な命令をされてしまうような関係性だ。まさに、「やりがい搾取」の典型的構図といえる。

さらに、図中の③では顧客を統制する関係にある。このパターンでは、労働者は会社と一体となって顧客に敵対する。例えば、「あの客はクレーマーだ」「虐待などと言っているが、利益を上げて保育園の経営を守るためには仕方がないのだ！」「不都合なサービスの実態は客には隠しておこう」といった具合である。従来の公害企業の論理は、まさに③のパターンであった。

もともと「やりがいの搾取」も、本来は美徳であるはずの労働者の責任感に問題のある経営者がつけ込んで、その結果、搾取されてきた。だが結局は、無理な人員で働かされれ

図2　三極関係における利害と対立の3パターン

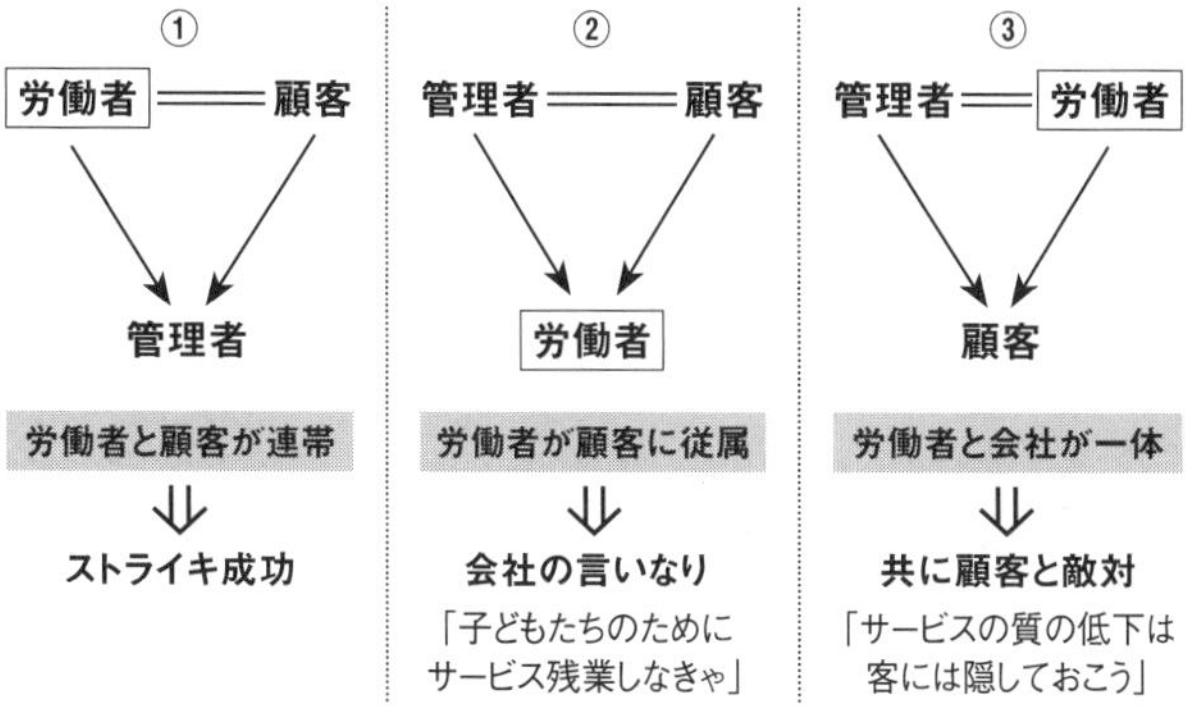

＝は利害の一致の関係を、矢印は統制方向をしめす

鈴木和雄『接客サービスの労働過程論』49頁の図を参考に著者作成

ばかえって労働の「質」を下げるリスクがあるし、バーンアウトして一斉退職すればサービスに甚大な影響をあたえることになる。

また、労働者に悪意がなくとも、結果的に③のパターンにはまり込んでしまうことも少なくないのだ。ブラック企業の経営する介護事業所や保育園では、まさにこのパターンが頻発している。

したがって、顧客の不利益を防ぐためには、労働者の「自分が耐える」というやり方ではまったく不十分で、社会的な問題へと転化することで活路を切り開くことが不可欠になる。

とはいえ、個々の職場がこの構図のなかのどこに当てはまるのかはあらかじめ決まっているわけではない。ストライキの仕方を間違えれば、利用者から反発されてしまい、②のパターンにはまり込んでしまうこともあるだろう。労働者が自ら意識的に経営者との労使交渉に臨み、なおかつ「労働の質」に目を向けた場合には、①を形成する道が開けていくということだ。

サービス業においては、労働の対象が「人間」だからこそ、消費者と連帯する可能性が高まる。「やりがい搾取」のリスクだけではなく、ストライキを社会化するためのポテンシャルが存在するのだ。特にケア労働の「質」の問題は、虐待など利用者への影響が大きく、関係も直接的であるため、労働者と利用者は、通常のサービス労働以上に継続的かつ濃密な関係が形成される。

もちろん、地域の小売業や飲食店でも同じような連帯の構図は形成しうる。実際にアメリカの地域運動では、地域の貧困問題や公共住宅の拡充を求める団体や、黒人に対する警察による暴力や構造的人種差別の是正を訴える「ブラック・ライヴズ・マター」運動などにも賛同するかたちで、地域の低賃金移民労働者と彼らの労働に支えられる地域住民が連帯して時給15ドルの運動を進めている。日本でも、疲弊するコンビニのオーナーに対する利用者の理解の環《わ》は広がっている。

サービス業化は、労働と消費者を結びつけ、ストライキが「社会性」をもつポテンシャルを高めているのだ。

労働時間短縮とエコロジー

労働問題とエコロジーを結びつけたストライキもますます盛んになるに違いない。第3章で紹介したように、すでに世界中で温暖化に対抗するストが頻発し、大規模化している。

一方、日本社会を見渡してみると、まだ環境問題がそれほど深刻にとらえられていない向きがある。しかし、日本社会のとらえ方以上に気候変動問題は深刻である。世界中で異常気象が巻き起こり、日本自体も台風・豪雨の被害が立て続けに起きている。

「気候変動に関する政府間パネル」(IPCC)の第5次評価報告書(2014年発表)は、温室効果ガスの排出量がもっとも少なく抑えられた場合でも、2100年末には1986年から2005年の平均気温よりも0・3〜1・7度上昇し、最悪の場合には2・6〜4・8度上昇すると予測している。

また、２０１８年10月にＩＰＣＣが公表した「１・５度の地球温暖化に関する特別報告書」によれば、すでに工業化以前に比べて、人間活動によって世界の平均気温は約1度上昇しており、現在の進行速度で地球温暖化が進むと、２０３０〜２０５２年のあいだに気温上昇が１・５度に達する可能性が高いという。

現在、世界中で記録的な嵐や森林火災、干ばつ、洪水などが発生しているが、気温上昇がさらに進んで１・５度を超えると、状況は大幅に悪化すると考えられている。温度が一定以上高まると、地中のメタンが大気中に放出されるなど、温暖化の連鎖的なフィードバック状態に陥り、もはや人類の排出削減も効果をもたなくなる。気候変動問題は「時間との闘い」なのである。

同報告書は、気温上昇を１・５度以下に抑えるためには、２０５０年ごろまでに二酸化炭素の排出量を「正味ゼロ」にする必要があるとしている。

そして、実は日本の労働問題と気候変動問題は極めて強く関連しているのである。端的にいえば、不効率な長時間労働は同時に無駄なCO_2排出を加速させているのだ。こうした「過労」（労働の無駄）と「反エコロジー」の組み合わせは、日本社会にもっとも典型的にあらわれているといってもよい。

自販機、コンビニのCO_2排出問題

例えば、本書でも紹介してきた自動販売機は24時間冷やしたり温めたりするために、多くの電気を必要とする。その設置台数は、人口比では日本が世界一である。

日本自動販売システム機械工業会の統計によれば、2016年末の日本の飲料自販機の普及台数は、247万4600台（人口1・3億人）である。それに対し、アメリカでは約296万台（同3・2億人）、ヨーロッパでは約300万台（同7・4億人）が設置されている。

相対的に売り上げの少ない場所にまで自販機が設置されており、大量の自販機は膨大な補充やメンテナンス業務で労働効率の悪化を招いている。実際、自販機パーマシン（1台あたりの自販機売上高）は、減少傾向にある。

それにもかかわらず、大量の自動販売機を低賃金労働者によって運営することで、飲料メーカーは利益を出すことができる。この構図は、労働者の過労という意味でも、排出さ

れるCO_2という意味でも、社会的には極めて不効率である。

同じ構図はコンビニエンスストアにもいえる。日本社会は膨大な数のコンビニを抱えているが、そもそも24時間営業が当たり前に行われている国は日本くらいだ。特に近年では「ドミナント戦略」と呼ばれる同じ地域への同じブランドの多店舗戦略が展開され、近隣にコンビニがひしめき合っている。それほど多数のコンビニが必要なはずはなく、オーナーや労働者も不効率な労働を強いられている。

実際に、利用客が少なく利益が出ないことから、オーナーは長時間労働のうえに、非常に低賃金で時給が200円程度であることも珍しくはない。その上、不要に展開された店舗の24時間営業を維持するために、絶えずCO_2が排出されるのである。

このように、労働時間を短縮し、産業を効率化するように求めることと、気候変動への対策はぴたりと一致している。

実際に、2019年末には、第1章で紹介した「自販機産業ユニオン」に新たに日本コカ・コーラ系自販機の労働者が加入し団体交渉を開始しているが、今後、自販機の設置台数の削減による労働時間の短縮と、地球温暖化対策を申し入れる予定だという。同ユニオンは国際的な環境NGOとの連携や、場合によっては国際的なストライキへの参加の可能性もあるとしている。

同じように、コンビニオーナーたちのユニオン運動が広がるなかで、今後、交渉の焦点のひとつにCO_2排出の減少が加えられるかもしれない。

世界の環境運動は、違法な座り込み、議員の部屋の占拠が行われるなど、激しさを増している。産業レベルのストライキも頻発しているが、日本もその波に無関係ではいられないだろう。[22]

「自律性」をめぐるストライキの意義

最後に、世界では今、「自由に働かせろ」という要求が、かつてなく強まっている。21世紀型労働運動の重要なテーマのひとつは「自由・自律的な働き方」の要求となるだろう。

時間に縛られないグーグルの社員たちの働き方は、自由の象徴としてあこがれられており、それどころか、もはや「雇用」の枠にさえとらわれたくないというウーバーのようなクラウドワーカーも広がっている。

会社に雇われない働き方は、実際に「雇用労働が嫌だ」という労働者たちに支持されている。日本でも「ノマドワーカー」という言葉が流行したり、起業がブームになっている。親世代の、会社に従うだけの「仕事人間」が嫌になったと公言する人も多くなった。

また、日本では労働時間と賃金の関係が切り離された「裁量労働制」が広がり、2019年4月には「高度プロフェッショナル制度」も導入された。これらの制度はブラック企業が労働法を脱法するために都合よく使われているが、やはり、「自由に働きたい」という労働者のエネルギーを生かすための制度であるという側面も否定はできない。

つまり、20世紀型の労働運動では「言われた仕事をやるから賃金を保障しろ」という論理が支配的だったのに対し、21世紀では「とにかく自由に働きたい」という労働者の欲求が、世界中で高まっている。

こうした変化も、現在の日本の労働運動（従属するから年功賃金を守れ）が、人々に支持されない理由だろう。「21世紀型」のストライキは、このような「自由を求める」、つまり、「自律的な働き方」を求めるものになっていくと考えられるのだ。

「シェアリングエコノミー」か、究極の管理か

実際に、情報技術の進歩は新しい働き方を可能にしている。もはや国や企業といった組織を介在しない労働の仕方をも実現可能にしている。これは、人類の歴史上極めて画期的なことである。

資本主義社会では労働は「市場」を経由して実現するが、具体的には「市場」を通じて企業または国家などが労働力を購入し、労働者を「組織」することで、初めて実際の財やサービスを生み出す。幅広い社会の領域で、巨大な生産組織と販売網が企業によって形成されているからこそ、私たちは「雇われて働く」以外に選択肢を見出しがたいのだ。

これに対し、インターネットを通じ、労働者と消費者が直接に結びつく。これは非常に画期的な関係である。労働者も消費者も、企業や国家の思惑を超えて、自主的・自律的に自由な経済を形成する可能性が広がっているのである。例えば、地域のコミュニティーにおいて、ケアを行いたい人と必要とする人が、特定の企業の雇用を抜きに自由に結びつくことも可能だ。このような経済関係は「クラウドベースド資本主義[23]」とも呼ばれる。

だが、テクノロジーの発展はそうした新しい自主的経済の可能性を担保しても、それを

無条件で実現してはくれない。既存の社会構造がそれを阻むからである[24]。

実際に、シェアリングエコノミーの発展はウーバーに典型的に見られるように、プラットフォームを所有する大企業によって、情報も、労働内容も、報酬も、すべてコントロールされる、よりディープな管理社会を実現してしまった。スマートシティや地域包括ケアの文脈においても、ますます大企業のアルゴリズムが管理を強めることが懸念されている。

「本当の裁量労働制」を求めるストライキ

ここで、ストライキの戦略はふたつに分かれることになる。ひとつは、「自由な労働は現実には虚構だ。本当は会社に従属しているのだ」と主張し、今までの労使関係の諸制度を適用するように主張するものだ。このような主張は、多くの裁量労働制やクラウドワークの労働実態を考えれば、まったく正論である。

だが、労働者が求めているものは、そうした「従属の証明」によって労働法の保護を受けることだとは、必ずしも限らない。むしろ、「本当の裁量労働を実現してほしい」「ウーバーのアルゴリズムに対抗したい」という労働者が増えているのではないだろうか。

実際に、「裁量労働制ユニオン」には、違法な裁量労働制が適用され、残業代不払いで働かされている労働者が、「ほしいのは残業代よりも本当の裁量」だという事例が見られる。また、「ウーバーイーツユニオン」の労働者たちも、待遇には問題を感じるものの、自由に働けることにメリットを感じているケースが多いという。さらに、コンビニのオーナーにしても、本部に従属する代償として保護を要求するよりも、真に「オーナーとして自由に経営したい」という要望が根強い。

こうした主張を受けて、裁量労働制ユニオンでは今後、違法な裁量労働制に対して、ただ残業代を請求するだけではなく、「本当の裁量を求めるストライキ」を実施することを計画している。また、世界的に見れば、労働者を管理するアルゴリズムに対する自律性を求めるストライキが頻発していることも、第3章で述べたとおりだ。

労働法の保護に関しても、その適用の条件が「労働者性」の存在（つまり、会社に従属していること）を証明することとなっていることを批判し、ウーバーイーツのような自営業者全体がカバーされる保護制度を作るべきだとの指摘も現れている。(25) そうすれば、従属しているかどうかの証明とは関係なく一定の法的保護が適用されるからだ。

コンビニオーナーにしても、営業に対する「裁量権」を獲得していくためのストライキが今後は行われていくかもしれない。

ここでも論点は、自律性を譲り渡し、「従属と保護（賃金、雇用保障）」を得るという20世紀型の枠組みに依拠していくのか、それとも、労働の自律性までも射程に入れた「自由と保護」を求めるストライキを目指すのか、なのである。(26)

自律性の要求から「自主運営」へ

さらに、ストライキの目指す先が「自主運営」にまで至るケースが登場している。

２０１９年11月、東京都世田谷区の認可外保育園で、経営者が突然倒産と即日閉園を宣言し、翌週月曜日から労働組合・介護保育ユニオンに所属する保育スタッフらが「自主運営」を始めたのである。

事の発端は、11月29日金曜日の18時ごろに、園の経営者が突然、倒産を告げる書類を園に貼り出そうとしたことにある。それまでも園の経営は行き詰まっており、保育士への賃金の遅配や、子どもに危険な設備の問題などが山積していたが、保育士たちの努力でなんとか営業していた。ところが、園側はその努力も無視し、保護者への電話連絡さえもないままに、一方的に倒産を宣言したのだ。

このままでは、月曜日に子どもを預けにくる保護者たちが突然預けられないという事態に陥ってしまう。そこで、保育士たちは加入する介護保育ユニオンの助けを借りて、月曜日（12月2日）以降の自主運営を決めたのである。

そもそも、急激に拡大している日本の介護事業者や保育事業所の多くに、ケアや福祉に関心も経験も能力ももたない参入者が増えている。実際、「ＮＨＫクローズアップ現代＋」（２０１９年10月３日放送）によれば、最近の「住宅型」介護施設の経営者には、利益を稼げると見込んで参入した元営業マンなどが多いという。

しかし、思ったように経営がまわせずに、利用者を放置したまま事業をたたむ事例が後を絶たないという。年間の閉鎖率は全体の１割程度である。営利参入したうえで、もうからなければ勝手に止めるというケースが頻発しているのである。労働者たちは「一斉退職」という無自覚のストライキで対抗する場合も見られたが、そうした場合にも、「だったらもう倒産する」という経営者も実際にいる。

一方で、私自身、これまでのケアワーカーからの労働相談では、「こんなにひどい職場はもう辞めて、自分で施設を作ろうと思う」という言葉を何度も聞かされてきた。そうであれば、この世田谷のケースのように、一斉退職や倒産から、「自主運営」にまで道を開くことは新しい対案となるだろう。

海外では、イギリス労働党が、労働組合が倒産した企業を買い取り、自主的な運営を行うことを国家として補助する方針をマニュフェストに書き込んでおり、労働者の自主運営への取り組みは政策の流れをも変える可能性を示している。

本章では20世紀型の労働運動と対比することで、21世紀のストライキのあり方を展望してきた。21世紀のストライキは、より職業的価値や社会的な問題が焦点となり、消費者や地域と結びつき、労働者の労働への自律性が焦点化される可能性がある。

新しい状況に根ざした、新しい労働運動が求められているのである。

註

1　ここでもやはり国や地域、産業によって個別の現象には相当の振れ幅があり、本章はあくまでも概括的な分析である。

2　企業は持続的な生産組織として社会的な評価にさらされるために、製品の品質や環境への考慮など消費者・社会にコンプライアンスを求められ、これが間接的に「企業の生産性」に社会性をもたせる機能を果たしている。しかし、このような企業の社会性の担保自体が、消費者と結びついた強力な労働運動によって推進されており、そのような圧力が少ない場合、容易に社会性が切り捨てられてしまうことは、残念ながら歴史が証明している。

3　日本企業は戦後直後から「社外工（社外企業）」を活用し、その後「下請け支配」と呼ばれる生産体制を作り上げていった。その際多くの企業内労働組合は、下請け企業の賃金格差を批判することなく、むしろ自社の利益のために下請け労働者の単価を抑えることを支持していた。

4　ただし、欧米の産業別労働組合においては、非正規、女性、外国人への差別が、日本とは異なり、「職務」に対する平等という観点から、かなりの程度規制されてきたことは特筆しておかなければならない。日本を除くならば、20世紀型の初期には、むしろ格差を是正する側面が非常に強かったのである。日本と欧米の違いは、木下武男『格差社会に挑むユニオン』（花伝社、２００７年）、濱口桂一郎『新しい労働社会』（岩波新書、２００９年）、田端博邦『グローバリゼーションと労働世界の変容』（旬報社、２００７年）などを参照。

5　CO_2排出や公害を引きおこさない「成長」もありえるし、介護などのように、必要な消費の拡大はある。したがって経済成長がすべて否定されるわけではない点に注意が必要である。

6　わかりやすいエピソードがある。19世紀イギリス機械製造業者を代表するある企業は、１８７８年のパリ万国博覧会に、産業革命期の紡績機として有名なミュール機を展示した。紡績機械の技術書を数冊著したほどの専門技術者がそのミュールを使用して綿糸生産の実演をしてみせたのだが、程度はとても低かったという。彼がパリ万博で辛うじて生産できたのは「80番手」の綿糸であり、それ以上の番手の高い綿糸は生産できなかった。ミュールは細糸になるほど難しかったが、１７９０年代の手動ミュール紡績工はすでに「１００番手」以上の細糸を生産していた。だが、彼は当時の手動ミュール紡績工たちが難なく生産していた細糸を生産することは、最後までできなかったのである。詳しくは田中章喜「産業資本と

労働過程―産業革命期イギリス綿紡績業における技能養成と雇用形態」『専修経済学論集』41号（2）、2007年

7　幅広く工場労働で認められる現象である。ただし、その多くは労使交渉の材料となるほど重要なものではなく、多くの労働者が数カ月もすれば身につけられるものだ。ただし、その内容がより高度になり、簡単に身につけられない場合もある。実際に、2000年代日本でも、使用者側が把握できない熟練の力を使って、労使交渉で請負から正社員に切り替えさせた事例がある。詳しくは伊藤大一『非正規雇用と労働運動―若年労働者の主体と抵抗』法律文化社、2013年

8　この時点ですでに技能をもつ熟練労働者たちと技能をもたない不熟練労働者のあいだで著しい待遇の格差が生まれ、社会問題化していた。同職組合は、自分たちの賃金だけを問題にし、下層労働者たちを無視していたのである。新しい下層労働者たちの運動は一般労組（ジェネラルユニオン）を作り出し、やがてその流れは労働組合全体のかたちを変え、職種の壁を超えた産業別の労使関係へと発展していく。

9　単純にいって、経営者は企業間競争に勝利しなければ廃業してしまう。勝つためには生産費を圧縮し、市場で商品の販路を確保しつつ、なおかつ利潤を得なければならない。この単純な構造に支配されているために、善良な経営者であろうと労働者の利害と対立せざるをえない構図にある（ただし註11で示すように、そうした労働者管理のあり方には一定の多様性がある）。歴史的には、企業間競争は過労死を含む労働災害や不当に劣悪な労働条件を労働者に押しつけるかたちで展開してきた。先進国では労働者を特別に保護する労働法が制定されているのも、こうした競争を一定の範囲に抑止するためである。

10　ハリー・ブレイヴァマン『労働と独占資本』（富沢賢治訳、岩波書店、1978年）は、カール・マルクスの『資本論』に依拠しつつ、20世紀の労働がどのように再編されているのかを分析した名著である（なお、『資本論』の平易な解説書としては、佐々木隆治『マルクス資本論』〈角川書店、2018年〉、同『カール・マルクス』〈ちくま新書、2016年〉を参照してほしい）。『労働と独占資本』は資本主義社会における「管理」の傾向を分析したものだが、現実には後述するように多様な「管理」の戦略が存在することを見落としているとして、激しい論争を引きおこした（労働過程論争）。本書でこの論争について論じる紙幅はないが、今日のケア労働、ウーバーやアマゾンの労働者を見れば、労働者から労働に関する「知」を剝奪する「労働の衰退」（そしてこれが労使紛争の根幹にあること）の分析視角は、今な

お極めて高い重要性をもち続けていると考えられる。

11 その後、特に1970年代以降、テイラー主義はある程度緩和されていく。ひとつには、労働者側が1968年運動として知られる巨大な反乱を起こしたからだ。もうひとつは、労働者側の自発性を引き出さなければ、生産性が頭打ちになるという問題が生じた。いくら科学的管理で最適と思われる方法を強制しても、実際には労働者たちの知識・アイデアが必要とされたのである。これを効果的に引き出すことが生産性向上の重要なポイントとなっていった。抵抗する労働者を懐柔し、やる気とアイデアも引き出さなければならない。このような課題に直面して、70年代以後の製造業では職場の人間関係を心理学的に研究し、労働者のやる気を引き出す「ヒューマンリレーションズ」を重視する新しい管理手法が開発されていった。また、より労働組合が強い北欧では、労働者側のイニシアティブで、労働そのものを楽にし、チームで生産するなど人間性を取り戻す方向も模索された。日本でも会社から命令されるQCサークル運動が盛んに提唱され、「改善」や「品質管理」に盛んに労働者の自発性が動員された。しかし、それらはあくまでも機械と知の体系化されたシステムを変更せず、労働者に企業の生産性を高めるアイデアを出させるものに過ぎなかった。実際に、その後競争が激化する中で、アイデアを出させるよりも、何も考えさせない非正規雇用を激増させるほうが「効率的」だと判断された。現代の日本の製造工場で働く非正規労働者たちは、生産ラインに何か問題が生じた際には、正社員に報告し、機械に触らないことを命令されている。

12 海外では日本とは違い、その中でも性・人種差別など平等問題は争われた。また、この点は大陸欧州ではやや異なり、国によっても異なるが、いまだに経営への参加や労働の格付けにとどまらない職業への労働者側からの介入が行われている。彼らの場合、「労働の格付け」という社会的決定の領域をより広く、深い範囲で残している点は強調しておきたい。

13 この問題を扱ったケン・ローチ監督の映画『家族を想うとき』、ジェームズ・ブラッドワースの『アマゾンの倉庫で絶望し、ウーバーの車で発狂した』（濱野大道訳、光文社、2019年）はぜひご覧いただきたい。

14 資本主義社会における「自然の無償性」については、佐々木隆治・岩佐茂編著『マルクスとエコロジー――資本主義批判としての物質代謝論』（堀之内出版、2016年）、斎藤幸平『大洪水の前に　マルクスと惑星の物質代謝』（堀之内出版、2019年）を参照。

15 ただし、当時のメディア報道の乏しさ、病気の深刻さへの不十分な認識という限界があったことには留意しておかなければならない。

16　その後、日本窒素労組は企業側から第二組合を作られ、いじめ、退職強要などの差別行為を受ける。そうした経験を経て、ようやく差別される水俣病患者へと関心が向き、第一組合は1968年に、水俣病を軽視したことを反省し「恥宣言」を出すに至る。

17　例えば、1990年代から建設労組では危険な事故につながるトラックの「過積載」やコンクリートに水を混ぜて経費を浮かす「シャブコン」を問題にしている。1995年の阪神・淡路大震災で、コンクリートインフラが大量に倒壊し、「安全神話」が崩れるほどのインパクトをあたえたことが背景にある。また、労働過程への介入で特に注目したいのは、学校給食を作る労働者たちの運動である。給食は消費者や材料を提供する地域と直接的に、強固に結びつく。都市型社会運動ユニオニズムが形成されやすい基盤があった。GHQ統治下で各地に広がった給食は、その後「合理化」の中で冷凍食品が大半を占めるようになる。また、安価な一体型トレーや、フォークとスプーンが一体となった「先割れスプーン」が普及し、子どもたちは「犬食い」で給食を食べさせられるようになった。大量生産・大量消費の中に教育が組み込まれ、子ども自身もぞんざいに扱われる対象になっていったのである。このような大量生産・大量消費型の学校給食を問題視し、給食労働者たちは地産地消や食育を求めて、保護者・地域の生産者と連携してかなり広範に闘いを繰り広げていった。まさに、消費者と連帯した、社会を問題にした労働運動である（以上は藤原辰史『給食の歴史』〈岩波新書、2018年〉を参照した。同書は給食をめぐる労使紛争が現在の経済構造に立ち向かう非常に社会的な内容をともなってきたことを鮮やかに描写している。ぜひ参照してほしい）。だが、それらの運動は、その重要性・画期性にもかかわらず、今日の労働運動やストライキの「主流」ではなく、歴史に埋もれたエピソードにとどまっている。それは、結局のところ、賃金の上昇に収斂するようなフォーディズム型ユニオニズムの論理にはまったく歯が立たなかったからである。

18　この点は特に注意が必要だ。ひとつ前の註で示したように、戦後社会においても、労働組合が社会的な問題に無関心であったわけでは決してない。そのような労働運動は常に存在した。しかし、それらは企業社会の中では散発的で、中心的な影響力を持つことはなかったということが重要なのである。

19　なお、欧米ではすでに「企業横断的決定」の要素を持つ賃金制度が確立してきたことから、日本ほどには企業間競争に巻き込まれてこなかった。生産性と賃金をめぐる労使交渉は、日本では特に「企業内」において行われたが、欧米においては産業レベルの労使交渉体制（「ネオ・コーポラティズム」とも呼ばれる）でこれが成立した。その意味で、生産性と賃金を分け合おうとする「20世紀型労働運動」がもっとも極端に進んだ国は日本だったのである。

20　川村雅則「保育・保育労働をめぐる問題（Ⅱ）」『季刊 北海学園大学経済論集』58号（4）、２０１１年

21　鈴木和雄『接客サービスの労働過程論』御茶の水書房、２０１２年

22　ただし、労働者の交渉力の中核は「労働力の意識的なコントロール」にある。欧米の環境運動はこれに裏付けられたうえで社会的アピールを行っている。日本においてはこの基礎が欠けているために、社会的アピールだけの「理念先行型」に陥る危険があることは指摘しておかなければならない。

23　アルン・スンドララジャン、門脇弘典訳『シェアリングエコノミー』日経ＢＰ社、２０１６年

24　このような資本主義経済の行き詰まりとテクノロジーの進歩が人類に本質的な社会変革の条件を与える一方で、人類は新たな社会構造との闘争を不可欠としている事実は、斎藤幸平氏の好著『資本主義の終わりか、人間の終焉か？　未来への大分岐』（集英社新書、２０１９年）で鮮やかに描かれている。また、著名な社会思想家であるアントニオ・ネグリとマイケル・ハートも、生産の変化に対応した「社会的ストライキ」を提唱し、これからの労働運動は新しい共同性を生み出すような、人々の「アントレプレナーシップ」に立脚すべきであると説いている。労働運動はシェアリングエコノミーを実現するために、これまでのような狭い運動を乗り越えて、人類の全関係と生活に関与しなければならないということだ。(Michael Hardt and Antonio Negri. *Assembly*, Oxford University Press, 2017)。さらに、社会運動は新しい生産モデルに依拠した新しい社会構想を打ち出すべきだとの指摘が、政治学者であるニック・スルニチェク等から提起されている。Nick Srnicek and Alex Williams, *Inventing the Future : Postcapitalism and a World Without Work*, Verso

25　実際にフランスでは2016年8月に成立した法律により、「プラットフォームの社会的責任」を定め、労働者性の有無とは無関係に労働者を保護している。鈴木俊晴「集中連載・クラウドワークの進展と労働法の課題　フランスにおけるクラウドワークの現状と法的課題」『季刊労働法』（２５９号、２０１７年）参照。

26　雇用関係にない労働者に対する法的保護が現状では著しく制限されることは事実である。また、多くの企業が脱法を目的とし、雇用関係にないことを偽装しようとし

ていることも、当然看過することはできない。それらはブラック企業の常套手段であるということは、強調してもし足りない。しかし、ここで問題にしているのは、従来の雇用労働の保護の枠組みを援用しようとするあまり、労働者たちの要求と齟齬をきたすことがあれば、かえって連帯は形成されず、支持も得られない可能性があるということである。裁量労働制の危険性については、今野晴貴・嶋﨑量『裁量労働制はなぜ危険か「働き方改革」の闇』（岩波ブックレット、２０１８年）。

おわりに

ストライキが主として「賃上げ」のために行われる時代は終わった。

ストライキはもはや、「賃上げ」にとどまらない社会的なイシュー全般に向けられている。また、ストライキは個別の企業を対象とせず、業界や産業のあり方をも問うものとなっている。

本書を通じて、こうしたストライキの「変化」を理解していただけたことと思う。

この変化の本質は、労働組合の主張が「労働市場の規制」から、「社会全体の再生産」や労働の自由や自律性の問題へと、拡大しているということでもある。実際に、世界の労働組合は貧困問題、教育、福祉、気候変動、移民、あらゆる問題に対してストライキによって影響を与えている。

本書で示してきたように、今日の社会問題のほとんどは、「労働」と密接にかかわっている。労働こそが、社会を成り立たせているからである。だから、労働者のストライキは直接にさまざまな社会問題＝「社会の再生産の問題」に対し、影響を与えうる。

いっぽう、これまでの日本のストライキのほとんどは、個別企業に対する賃上げや雇用保障を求めるものだった。だが、21世紀には、労働組合が向き合う方向は企業から社会に広がっていくだろう。直接の交渉相手は企業だとしても、ストライキが賭けるものは、ますます「社会的なもの」となっていかざるをえないのだ。

さらに、世界的な潮流では、ストライキは「賃金と雇用を守れ」といったこれまでの権利を守るスローガンにとどまらず、「もっと自律的に働きたい」「仕事の内容はこうしたほうがクリエイティブだ」「気候変動に対応した業界のあり方に変えたい」といった、社会を変える、前向きな主張の方法となっている。

ストライキは、社会を守り、新しい社会を創造する手段ともなっているのである。

本書では、ストライキを原理からさかのぼり、今日の日本、そして世界のストライキの変化を概観してきた。ストライキの歴史は深く長く、とても一冊の新書で論じきれるものではない。本書を通じ、少なくとも「変化」のエッセンスを伝えることが目標であった。

実際に、本書では詳しく紹介できなかったが、歴史的には労働の質や、社会につながるストライキの趨勢《すうせい》が生まれたことは、何度かあった。とりわけ第一次大戦後の「サンディカリズム」の興隆期と、「新しい社会運動」が隆盛する1968年前後である。ストライキは時代状況のなかで常に進化を遂げてきたのであり、そうした意味では、本書のタイトル「ストライキ2.0」は必ずしも正確ではない。本来は「ストライキ4.0」ないし「ストライキ5.0」だともいえる。

しかし、それらのどの時期よりも、今日こそが、労働運動の劇的な変化と重要性の増す歴史的な画期であることを、本書では示してきたつもりだ。私たちは、大きな時代の転換点にあり、かつてなく労働運動の新しい変化を必要とする地点に立っているのである。

本書では脚註をふんだんに設け、なるべく多数の事例を詳細に扱うように努めた。しかし、近年のストライキ事例をすべて網羅することはとてもできなかった。日本にも、規模は小さくともたくさんの有意義な取り組みが存在する。それらの実践すべてに敬意を表したい。

また、本書の執筆のために取材・調査に快く応じてくださった皆様に、この場を借りて心よりの感謝の気持ちを申し上げる。

さらに、本書の企画から完成まで一貫して尽力してくださった集英社の穂積敬広氏には格別の感謝の気持ちを申し上げたい。本書の企画は限られた紙幅のなかで、巨大な厚みのある社会現象の一部を切り出し、クリアに素描するという困難な試みであったが、同氏には細部にわたるまで数多くの助言をいただいた。それらの助言なくしては、このように一冊の本として完成することはできなかっただろう。

最後になるが、本書が労働問題で苦しむ多くの方々に役立つことを願っている。また、本書が日本社会の未来を明るくする一助となれば望外の喜びである。

付録　労働運動やストライキを行うためのQ&A

筆者が代表を務めるNPO法人POSSEでは、最近、「労働組合の作り方を教えてほしい」という相談も寄せられるようになってきた。そこで、本書の付録として、最後に簡単な労働組合とストライキに関するQ&Aを付けることにする。

労働組合の作り方やストライキのやり方、実例について詳しく聞きたい方は、NPO法人POSSEで相談を受け付けている（巻末の相談窓口一覧を参照）。また、筆者が共同代表を務める「ブラック企業対策プロジェクト」では、弁護士などとともに「ストライキマニュアル」を作成している。こちらの活用もあわせておすすめしたい。

ストライキは何の法律に定められているの？

憲法第28条では、「勤労者の団結する権利及び団体交渉その他の団体行動をする権利は、これを保障する」と定め、団結権、団体交渉権に加え、団体行動権を保障している。つまり、労働者が労働条件の維持改善のために労働組合を作り、会社と団体交渉を行い、さらに団体交渉が行きづまった場合に、自分たちの要求を実現するためにストライキに訴えることができる権利（労働基本権）を、基本的人権のひとつとして保障しているのだ。

これによって保護を受けうる行動のタイプは、業務阻害をともなう「争議行為」（ストライキ、サボタージュ、ピケッティングなど）と、業務阻害をともなわないが一定の圧力をかける「組合活動」（ビラ貼り、リボン闘争等）に大別される。

争議行為とは、労働関係の当事者が「その主張を貫徹することを目的として行う行為及びこれに対抗する行為であって、業務の正常な運営を阻害するもの」をいう（労働関係調整法第7条）。ストライキをはじめとする労働者による行為だけでなく、ストライキ等への対抗として会社（使用者）が行うロックアウト（作業所閉鎖）なども争議行為に含まれる。

争議行為のうちもっとも代表的なものがストライキだ。ストライキ（同盟罷業）は、労働者が団結して同時に労務の提供を停止し、会社にその労働力を利用させない行為をいう。これによって業務の正常な運営が困難になるため、会社にとっては圧力となり、この圧力によって労働者が自分たちの要求を実現できるチャンスが生まれるというわけだ。

憲法が争議行為を行う権利（争議権）を保障しているのは、会社に対して従属的地位に置かれた労働者が使用者と対等に交渉し、自分たちの労働条件の決定に実質的に関与するためには、ストライキをはじめとする争議行為が不可欠だと考えられているからだ。

後述するように、労働組合の正当な争議行為は、労働組合法により刑事上の処罰や民事上の責任が免除され（労組法第1条第2項、第8条）、さらに不当労働行為制度により保護されている（労組法第7条）。

会社から損害賠償を請求されないの？

労働組合が行う正当な争議行為は、刑法上の違法性を否定され、刑罰を科されない（刑事免責）。労働組合がストライキを行って業務の正常な運営を阻害しても、正当な争議行為であれば刑事上の罪にならないということだ。

また、会社（使用者）は、正当な争議行為によって損害を受けたという理由で、労働組合またはその組合員に対し損害賠償を請求することはできない（民事免責）。

ただし、労働者の団体行動であるからといって、それが無条件に法的な保護の対象となるわけではないから、注意が必要だ。争議行為が、憲法上保障された争議権の行使として法的な保護を受けるためには、それが正当なものでなければならない。

では、どのようなときに、正当な争議権の行使だと認められるのだろうか。正当性は、主に争議の目的や態様（手段）から判断される。目的については、労働条件の維持改善や労使間のルールの設定などを目的とする場合には正当と認められるが、政治ストなど、使用者が団体交渉によって解決しえない目的である場合には正当性が認められない傾向にある。手段については、ストライキ、サボタージュ、平和的なピケッティングは正当とされる一方で、暴力や会社施設の破壊をともなうものは正当とされない。ただし、近年、憲法上保障された刑事免責が脅かされかねない警察による取り締まりが問題化している。関西を拠点とする生コンクリート業界を組織する「関西生コン」の副委員長、書記長、一般組合員などが相次いで逮捕、起訴される事件が発生しているのだ。2019年12月9日現在で、組合員の逮捕者数は延べ81名、起訴者数は延べ69名にのぼっている。委員長は6度、副委員長は8度逮捕され、両者とも勾留期間は1年3ヶ月（460日）を超えている。労働法を専門とする大学教授等による「労働法学会有志声明」によれば、「本件で威力業務妨害と恐喝未遂の公訴事実とされているのは、1年以上前の日常的な組合活動です。

運転手等の組合員が建設現場で法令の遵守を求める『コンプライアンス活動』も、産業別労働組合や職業別労働組合に見られる一般的な組合活動です。連帯労組は、労働組合法上の労働組合として認められている適格組合ですから、何よりも労働組合の組合活動の正当性の有無の観点から、関生支部の組合活動を判断して対応すべきものです」とし、「私たちは、労働法を研究する者として、今回の事件において、警察・検察当局の憲法を無視した恣意的な法執行に強く抗議するとともに、戦後積み上げられてきた組合活動保障を意図的に無視するものとして重大な懸念を表明するものです」としている。なお、同声明には、筆者の恩師である角田邦重（中央大学名誉教授）のほか、早稲田大学、法政大学、明治大学、同志社大学、北海道大学、名古屋大学、大阪市立大学などの著名な労働法の教授、名誉教授など24人が名を連ね、54人の研究者らが参団している。

ストライキをしたら昇進できなくなるの？

労働組合による正当な争議行為は、「不当労働行為制度」により保護される。労働者が正当な争議行為に参加したことや、それを指導したり幇助《ほうじょ》したりしたことを理由とする解雇、懲戒などの不利益な取扱いは無効とされ、不当労働行為として禁止されている。配置転換、降格、昇進停止なども同様だ。

不当労働行為とは、会社（使用者）が団結権を侵害する行為であり、労働組合の正当な活動を不当に侵害することをいう。主なものとして、組合員に対する不利益な取扱い、団体交渉の拒否、労働組合に対する支配介入などがこれにあたる。

このような不当労働行為を受けた場合、各都道府県の労働委員会に救済の申し立てをすることができる。

申し立てを行うと、会社（使用者）が行った言動が不当労働行為となるかを労働委員会が判定する。不当労働行為だと判定された場合には救済命令が出され、会社の不当労働行為を止めさせることができる。

ストライキ中は給料が出るの？

ストライキが実施された場合、提供を停止した労務の対価にあたる賃金については、賃金請求権が発生しないのが原則である。ストライキに参加した組合員は労務の提供をしていないため、会社は、労働の対価である賃金を支払う義務を負わないからだ。これは「ノーワーク・ノーペイの原則」といわれている。

ストライキが長期化すると、労働者側が負う経済的打撃も大きくなる。このため、ストライキ期間中の組合員の生活費を保障するための闘争資金をあらかじめ積み立てている労働組合も多いが、最近ではクラウドファンディングでストライキへの支援を呼びかけるケースも見られる。

また、組合員の賃金損失と組合のスト手当支給額を少なくするために、一部の基幹労働者だけがストライキに入る部分ストや少数の組合員だけを指名してストライキに入らせる指名スト、あらかじめ時間を定めて実施する時限ストといった戦術も編み出されてきた。

役所とかに届け出ないといけないの？

ストライキを行う際には、役所などに届出を行わなければならないのだろうか。これについては労働関係調整法にいくつかの規定がある。

運輸事業、郵便・電気通信事業、水道・電気・ガス供給事業、医療・公衆衛生事業といった公益事業については、争議行為をしようとする日の少なくとも10日前までに、労働委員会及び厚生労働大臣又は都道府県知事にその旨を通知しなければならないとされている。公益事業については人々の生活にあたえる影響が大きいため、例外的に事前通知が規定されているのだ。

これ以外の業種については、争議行為が発生した場合、当事者はただちにその旨を労働委員会又は都道府県知事に届け出なければならないと定められている。一般の業種については、事前の届出は定められておらず、ましてや、あらかじめ行政に承認してもらったり、妥当性を判断してもらったりする必要はない。

どういう手続きが必要？

労働組合は、組合員個人の主体的な意思に基づき、自主的に組織・運営されるものであり、その運営には民主的な意思決定が求められる。それゆえ、ストライキを行う場合にも、組合内部の民主的な決定に基づいて実施する必要がある。

多くの労働組合では、組合規約において、ストライキを実行する前に組合員で投票を行い、一定数以上の賛成票を得てからストライキを実行するルールを定めている。この投票のことをストライキ権（スト権）の確立投票という。

とはいえ、ストライキを行わなければならないような切迫した状況で、組合員を集めて投票を行うというのは現実的でない。そこで、あらかじめ定期大会などの場でスト権の確立投票を行い、必要なときに執行部の判断によって柔軟にストライキを実行できるようにしている労働組合も多い。

なお、労働委員会に不当労働行為の救済を申し立てる場合などには、労組法で決められた一定の要件を備えた労働組合であるかどうかについて労働委員会の資格審査を受けなければならない。

組合規約に、ストライキ（同盟罷業）を行うには、組合員の直接無記名投票か、または組合員の直接無記名投票によって選挙された代議員の直接無記名投票を行い、過半数の賛成を得ることが必要である、と定めることが、資格審査を通過するためのひとつの要件になっている（労組法第5条第2項第8号）。このため、組合規約にこのような定めを設けたうえで、所定の要件に沿った投票方式によってスト権を確立しておくことが必要になる。

このような手続きを経ずに行われたストライキは違法となる可能性があるが、これについては学説、裁判例とも見解が分かれている。スト権の確立は組合内部の問題に過ぎず、対外的な正当性には影響をあたえないとする見解も有力であり、スト権を確立する手続きが取られていなかったからといって、必ずしも違法となるわけではない。

ストライキを止めるときはどうするの？

会社が要求に応じた場合には、ストライキを解除し、平時の組合運営に戻る。このとき、口約束ではスト解除後に反故《ほご》にされる恐れがあるため、合意内容を労働協約というかたちで書面化し、明確化することができる。

労働協約とは、労働組合と会社（使用者）とのあいだで締結される、労働条件その他の事項に関する書面による協定である。労働協約には、個別の労働契約や就業規則に優先して、労働契約の内容を規定する効力があたえられている（規範的効力）。また、労働協約によって、組合事務所の貸与や就業時間中の組合活動など、労働組合と使用者との関係を定めることもできる（債務的効力）。つまり、労働協約を締結することによって、労働条件を向上させたり、労使関係を安定させたりすることができるのだ。

ストライキを行っても会社が要求に応じない場合には、ストライキを継続するのか、ストライキは終了してほかの方法（訴訟、労働委員会への救済申し立てなど）によって争うのかを選択しなければならない。ストライキを開始する前にできるだけ組合員のあいだで議論を重ね、会社が要求に応じない場合の対応方針についても決めておくべきだろう。

ストライキはひとりでもできるの？

労働組合は、労働者がふたり以上集まればいつでも自由に結成することができる。だが、職場のなかで「労働組合を作ろう」と声をかけても、一緒に行動してくれる同僚を見つけるのは簡単ではないだろう。また、社内に労働組合があるけれども、労働環境の改善にあまり熱心でなく、加入する気になれないということもあるだろう。このようなときに、ひとりでも労働組合として活動する方法がある。

それは、個人加盟型の労働組合に加入する方法だ。このような労働組合は従来型の労働組合と区別して「ユニオン」と呼ばれることが多い。ユニオンに加入すれば、その協力・支援を受けながら、ユニオンの組合員として公然または非公然に活動することができる。当然ストライキもできる。このような方法であれば、ひとりでも労働組合として活動し、ストライキを実行することができるわけだ。労働組合の組織的な行動であれば、ストライキの参加者が1名であっても争議行為に該当する。もちろん人数が多いほうが会社に対する交渉力が高まるため、組合活動について徐々に学びながら、次第に周囲の労働者に加入を呼びかけ、仲間を増やしていくと、よりストライキの効果が高まるだろう。

実は、自力で一から労働組合を作るよりも、ユニオンに加入するほうがうまくいく可能性が高い。例えば、会社と団体交渉をする場合でも、経験やノウハウがなければ交渉を有利に進めることは難しい。いくら労働組合の活動が法律で強く保障されているといっても、会社と労働者とのあいだの圧倒的な力の格差がなくなるわけではないのだ。

この点、ユニオンに加入した場合には、多くの団体交渉の経験を積んだユニオンの執行委員などが交渉に同席することができ、有利に事を進められる可能性が高くなる。そのようにして徐々に交渉の手法を学んでいくことも手段のひとつだ。

団体交渉に限らず、労働組合の運営には経験やノウハウが不可欠だから、ユニオンに加入し助言を受けるのがおすすめだ。

日本では、労働組合の推定組織率は17パーセント（2018年）と低い。こうしたなか、近年、個人加盟型のユニオンは、職場に労働組合がないという人の受け皿として、目覚ましい発展を遂げている。多くの企業で労働条件を改善させ、メディアに登場することも多い（詳細は本書第2章参照）。自分も労働組合を作りたいと思った方は、地域にあるユニオンを探し、まずは相談してみるとよいだろう。

スト破りは違法？　対抗する方法はないの？

スト破りとは、会社がストライキに対抗するために代替要員を就労させて操業を継続することをいう。会社が新たに労働者を雇い入れるなどして営業を継続することができれば、ストライキの効果はほとんどなくなってしまう。

これはただちに「違法」とはされていない。ストライキ中であっても、会社が代替要員を雇い入れて、操業を継続することは認められている。労働者側に争議権という強力な武器をあたえる代わりに、会社側にも、一定の範囲でそれに対する対抗防衛手段を採ることを認めているわけだ。最高裁も、使用者はストライキ中であっても業務の遂行を停止しなければならないものではなく、操業を継続するために必要とする対抗措置を採ることができるとしている（山洋電気軌道事件・最高裁第２小法廷・昭和53年11月15日・労働判例３０８号）。

とはいえ、スト破りが適法だとされる場合でも、労働組合に対抗する方法がないわけではない。

第一に、ストライキに付随する補強手段として伝統的に用いられてきた手法として、ピケッティングや職場占拠がある。ピケッティングとは、職場において、会社が製品・資材を搬出入するのを阻止したり、ストに参加していない労働者に協力を要請したりして、ストライキの効果を維持する戦略である。これについて、判例は、原則として「平和的説得」に限って許されるとする立場に立ち、これを超える行為をともなう場合には正当性を否定している。

第二の対抗手段として、労働協約による「スト破り」の禁止がある。これは、あらかじめ労働組合が存在し、会社と労働協約を締結している場合に限られるが、ストライキ中の労働者の雇い入れを禁止することなどを労働協約で定めておく方法である。この規定は「スキャップ禁止条項」などと呼ばれる。

第三に、求人ルートへの介入がある。会社が代替要員を確保できなければ、ストライキを維持することができる。職業安定法には、ハローワークや民間の職業紹介事業者は労働争議に対する中立の立場をとるため、ストライキが行われている事業所に求職者を紹介してはならないと定められている（第20条、第34条）。また、労働者派遣法は、派遣会社がストライキの行われている職場に新たに派遣労働者を派遣することを禁止している（第24条）。さらに、職業安定法に基づく指針では、募集情報等提供事業を行う者（求人サイト・求人情報誌等）についても同様の内容が定められている。

これらの規定に基づいて、ストライキを行っている間、交渉相手の企業への職業紹介を停止できる可能性がある。第1章で述べたとおり、株式会社ジャパンビバレッジ東京のストライキの際には、東京都労働委員会がハローワークに対して同社の求人を掲載しないよう通報し、続いて大手求人サイト「リクナビ」が求人を停止している。

第四に、ストライキを社会的なイシューとしてアピールする手法がある。近年は、労働事件が、人々の安全や消費者問題と結びついて注目を集めることが多い。例えば、高速バスの運転手の長時間労働は交通事故の原因となり、人々の安全を脅かしている。また、保育士の劣悪な労働環境は「保育の質」を低下させ、時には死亡事故に結びつくこともある。「命を守るためのストライキ」として社会にアピールしていくことで、スト破りをやりにくくできる可能性は大いにあるだろう。

「やりやすいストライキ」はありますか？

第1章で見た「遵法闘争」のように、ハードルの低いストライキの方法はいくつも考えることができる。「遵法闘争」は法律に従い、休憩を1時間分きちんと取得したり、残業を行わずに仕事を切り上げるといった労働組合の戦術である。

この方法は、労働契約の履行を拒否することさえなく、企業にストライキと同様の効果をあたえることができるため、形式が穏当であるうえ、法的な正当性も高い。「やりやすいストライキ」だといってよいだろう。

遵法闘争のバリエーションは、ほかにもさまざまに考えることができ、「応用」することで、ハードルの低いストライキを量産することも可能だ。まず、アルバイトを含め、フレキシブルな働き方が求められる職場では、**「急な呼び出し」に従わない**という遵法闘争が可能である。あらかじめ決まっている時間以外の呼び出しには、労働契約上応じる義務がない。職場の労働者たちが団結して「遵法闘争」をした場合、この手法はかなりの交渉力に発展する可能性がある。

また、第4章でも紹介したように、**「真の裁量労働制」を求める**という遵法闘争も可能だろう。裁量労働制が適用されていれば、出退勤の時刻は自由であり、仕事の進め方も自分で決めることができなければならない。これに反する出勤命令や業務命令を無視して勤務したとしても、懲戒することはできないはずである。

さらに、多くの職場では休憩さえまともにとることができない。休憩時間には電話に出られるように待機していなければならないと誤解されている場合が多いが、休憩時間は完全に自由を確保できなければならず、携帯電話の電源を切って職場外に出かけてもまったく問題ない。**「休憩スト」**は極めて正当性が強く、職場環境を変えるきっかけにするにはもっともハードルが低い方法だといえるだろう。

最後に、36協定の締結自体を拒否する**「36拒否闘争」**と呼ばれる戦術も紹介する。36協定は、締結すれば1日8時間、週40時間の法定労働時間を超える時間外労働を禁じている規制を免れることができる。労働時間規制の「抜け穴」として悪名高い制度である。しかし、逆にいえば「36協定」さえ締結しなければ、1日8時間を超える労働は違法行為として法律の処罰の対象となるのである。

36協定は、当該事業所に労働者の過半数で組織する労働組合がある場合にはその労働組合、ない場合には労働者の過半数を代表する者とのあいだで締結する。そのため、職場の過半数を組合員として組織することによって、あるいは職場の過半数代表者に選出されることによって、36協定の締結を拒否することができるのだ。小さな職場であれば、過半数を味方につけることはそれほど難しくはない場合もある。

そもそも36協定の書面を見たこともなく、過半数代表者の選出という話も聞いたことがないという職場も多いだろう。そうした職場では適法な36協定が結ばれていないので、現時点で残業はすべて違法行為となる可能性がある。

適法な36協定が締結されていない場合、残業する義務自体がないため、残業拒否は業務阻害行為とならず、法律上は争議行為にはあたらないが、ある意味ではストライキ以上の強力なインパクトをあたえることができる。

36協定が締結されていなければ、会社は法定労働時間を超える時間外労働を労働者に命じることができない。残業の拒否は会社にとっては大きな痛手だ。この行動によって労働者と会社の力関係は大きく変わることになる。

無料労働相談窓口一覧

NPO 法人 POSSE

WEB http://www.npoposse.jp/
TEL 03-6699-9359
Mail soudan@npoposse.jp

＊筆者が代表を務めるNPO法人。訓練を受けたスタッフが法律や専門機関の「使い方」をサポートします。ストライキの方法への助言、労働組合の紹介も行っています。

総合サポートユニオン

WEB http://sougou-u.jp/
TEL 03-6804-8444
Mail info@sougou-u.jp

＊個別の労働事件に対応している労働組合。労働組合法上の権利を用いることで紛争解決に当たっています。本書に登場した多くのストライキを実施しています。なお、ブラック企業ユニオン以下は、総合サポートユニオンの支部に当たります。

ブラック企業ユニオン

WEB http://bku.jp/
TEL 03-6804-7650
Mail soudan@bku.jp

＊ブラック企業の相談に対応しているユニオンです。

介護・保育ユニオン

WEB http://kaigohoiku-u.com/
TEL 03-6804-7650
Mail contact@kaigohoiku-u.com

＊関東、仙台圏の保育士たちがつくっている労働組合です。

私学教員ユニオン

WEB http://shigaku-u.jp/
TEL 03-6804-7650
Mail soudan@shigaku-u.jp

＊私立学校で働く教員でつくっている労働組合です。多数の学校に組合員がいます。正規・非正規にかかわらず、一人からの相談にも対応します。

裁量労働制ユニオン

WEB http://bku.jp/sairyo/
TEL 03-6804-7650
Mail sairyo@bku.jp

＊裁量労働制を専門にした労働組合の相談窓口です。

エステ・ユニオン

WEB http://esthe-union.com/
TEL 0120-333-774
Mail info@esthe-union.com

＊エステ業界で働く労働者たちでつくる労働組合です。

ブラックバイトユニオン

WEB http://blackarbeit-union.com/
TEL 03-6804-7245
Mail info@blackarbeit-union.com

＊学生たちがつくるブラックバイト問題に対応している個人加盟ができる労働組合です。

仙台けやきユニオン

WEB http://sougou-u.jp/sendai/
TEL 022-796-3894（平日17時～21時、土日祝13時～17時、水曜定休）
Mail sendai@sougou-u.jp

＊仙台圏の労働問題に取り組んでいる個人加盟労働組合です。

ブラック企業被害対策弁護団

WEB http://black-taisaku-bengodan.jp/
TEL 03-3288-0112

＊「労働者側」の専門的弁護士の団体です。

ブラック企業対策仙台弁護団

WEB https://blacktaisakusenndai.wordpress.com/
TEL 022-263-3191（平日10時～17時）

＊仙台圏で活動する「労働者側」の専門的弁護士の団体です。

今野晴貴（こんの　はるき）

一九八三年生まれ。ＮＰＯ法人「ＰＯＳＳＥ」代表理事。ブラック企業対策プロジェクト共同代表。一橋大学大学院社会学研究科博士後期課程修了。博士（社会学）。『ブラック企業　日本を食いつぶす妖怪』（文春新書、第一三回大佛次郎論壇賞受賞）、『ブラック企業ビジネス』（朝日新書、第二六回日本労働社会学会奨励賞受賞）など著書多数。

ストライキ2.0　ブラック企業《きぎょう》と闘《たたか》う武器《ぶき》

集英社新書一〇一五Ｂ

二〇二〇年三月二二日　第一刷発行

著者……今野《こんの》晴貴《はるき》

発行者……茨木政彦

発行所……株式会社集英社

東京都千代田区一ツ橋二‐五‐一〇　郵便番号一〇一‐八〇五〇

電話　〇三‐三二三〇‐六三九一（編集部）
〇三‐三二三〇‐六〇八〇（読者係）
〇三‐三二三〇‐六三九三（販売部）書店専用

装幀……原　研哉

印刷所……凸版印刷株式会社

製本所……加藤製本株式会社

定価はカバーに表示してあります。

ISBN 978-4-08-721115-3　C0236

a pilot of wisdom

集英社新書　好評既刊

レオナルド・ダ・ヴィンチ　ミラノ宮廷のエンターテイナー
斎藤泰弘　1003-F
軍事技術者、宮廷劇の演出家、そして画家として活躍したミラノ時代の二〇年間の光と影を描く。

性風俗シングルマザー　地方都市における女性と子どもの貧困
坂爪真吾　1004-B
性風俗店での無料法律相談所を実施する著者による、ルポルタージュと問題解決のための提言。

羽生結弦を生んだ男　都築章一郎の道程
宇都宮直子　1005-N〈ノンフィクション〉
フィギュア界の名伯楽。私財をなげうち、世界を奔走した生き様、知られざる日露文化交流史を描く！

大学はもう死んでいる？　トップユニバーシティーからの問題提起
苅谷剛彦／吉見俊哉　1006-E
幾度となく試みられた大学改革がほとんど成果を上げていないのは何故なのか？　問題の根幹を議論する。

女は筋肉　男は脂肪
樋口　満　1007-I
筋肉を増やす運動、内臓脂肪を減らす運動……。科学的な根拠をもとに男女別の運動法や食事術が明らかに。

美意識の値段
山口　桂　1008-B
クリスティーズ日本法人社長が、本物の見抜き方と、ビジネスや人生にアートを活かす視点を示す！

モーツァルトは「アマデウス」ではない
石井　宏　1009-F
最愛の名前は、死後なぜ〝改ざん〟されたのか？　天才の渇望と苦悩、西洋音楽史の欺瞞に切り込む。

五輪スタジアム「祭りの後」に何が残るのか
岡田　功　1010-H
過去の五輪開催地の「今」について調べた著者が、新国立競技場を巡る東京の近未来を考える。

証言　沖縄スパイ戦史
三上智恵　1011-D
敗戦後も続いた米軍相手のゲリラ戦と身内同士のスパイ戦。陸軍中野学校の存在と国土防衛戦の本質に迫る。

出生前診断の現場から　専門医が考える「命の選択」
室月　淳　1012-I
「新型出生前診断」はどういう検査なのか。最先端の研究者が、「命の選択」の本質を問う。

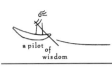